Alberta D. Jones

What The Clash
SPIELANLEITUNG

Wichtige Tipps, Profi-Taktiken und versteckte Geheimnisse, um das Chaos zu beherrschen

Kapitel 1: Willkommen bei *What The Clash?*

1.1 Überblick über das Spiel

Was ist der Zusammenstoß? ist ein wildes, physikgesteuertes Multiplayer-Partyspiel, das von Triband entwickelt wurde, den schrulligen Köpfen hinter *What the Golf?* Und *WAS IST DAS AUTO?*. Bekannt für ihre charakteristische Mischung aus absurdem Humor und chaotischem Spaß, liefern Triband in *What The Clash?*, in dem die traditionelle Spiellogik auf die bestmögliche Weise auf den Kopf gestellt wird.

Ein Kampf des Chaos

Im Kern ist *What The Clash?* ist ein rasantes Clash-Fest, bei dem die Spieler in kurzen, intensiven Matches in einer Vielzahl von Spielmodi gegeneinander antreten. Es bietet unkonventionelle sportähnliche Minispiele wie Fangen, Rennen, Völkerball, Bogenschießen und mehr - jedes mit seinen eigenen unvorhersehbaren Regeln und Physiken. Die Spieler müssen ihre Gegner ausmanövrieren, überlisten und oft auch Pech haben, indem sie eine Kombination aus Geschicklichkeit, Timing und einem gesunden Sinn für Humor einsetzen.

Das Spiel lebt von der Unberechenbarkeit. Egal, ob es sich um einen mit Bananen betriebenen Raketenwagen oder einen mit Nudeln bewaffneten Bogenschützen handelt, *What The Clash?* ist so konzipiert, dass Sie auf Schritt und Tritt überrascht werden. Es geht weniger um perfekte Kontrolle, sondern vielmehr darum, sich auf clevere und kreative Weise an das Chaos anzupassen.

Entwickelt für alle Könnensstufen

Egal, ob du ein Gelegenheitsspieler bist, der sich mit Freunden amüsiert, oder ein Wettkampfgeist, der auf der Jagd nach dem Sieg ist, *What The Clash?* hat für jeden etwas dabei. Die intuitive Steuerung und die kurzen Spielformate machen es sehr zugänglich, während die Tiefe der Strategie und das physikbasierte Gameplay es fortgeschrittenen Spielern ermöglichen, Techniken zu meistern und in Multiplayer-Modi zu dominieren.

Multiplayer-Wahnsinn

Das Spiel unterstützt sowohl den lokalen als auch den Online-Multiplayer und fördert freundschaftliche Rivalitäten oder wilde Schlägereien. Die Spielmodi wechseln häufig, um das Spielerlebnis frisch zu halten, und die Spielersuche ist schnell und nahtlos. Du kannst alleine gegen die KI spielen, dich in Koop-Missionen stürzen oder echte Spieler in Ranglisten- und Gelegenheitsmodi herausfordern.

Ein lebendiger Spielplatz

Mit regelmäßigen Updates, saisonalen Events und Community-Herausforderungen bietet *What The Clash?* ist so konzipiert, dass es sich im Laufe der Zeit weiterentwickelt. Jedes Update führt oft neue Karten, Modi, Charaktere und unerwartete Wendungen in das Gameplay ein, um die Community bei der Stange zu halten und das Chaos ständig zu verändern.

1.2 Über die Entwickler

Triband ist ein unabhängiges Spieleentwicklungsstudio mit Sitz in Kopenhagen, Dänemark, das dafür bekannt ist, Comedy-Spiele zu entwickeln, die traditionelle Spielmechaniken untergraben. Ihre Mission ist es, Erlebnisse zu schaffen, die die Spieler zum Lachen bringen, oft durch absurde und unerwartete Szenarien.

Ursprünge und Philosophie

Gegründet von einem Team, das sich für Humor und Innovation begeistert, hat sich Triband stets zum Ziel gesetzt, konventionelles Spieldesign in Frage zu stellen. Sie glauben, dass Spiele Spaß machen, überraschen und für ein breites Publikum zugänglich sein sollten. Diese Philosophie zeigt sich in ihrer Herangehensweise an die Spieleentwicklung, bei der Kreativität und Spielspaß über Realismus gestellt werden.

Bemerkenswerte Titel

Das Portfolio von Triband umfasst mehrere gefeierte Titel:

- **WAS IST DER GOLFSPORT?**: Eine auf Physik basierende Golf-Parodie, die den Sport auf urkomische Weise neu interpretiert.Triband macht Comedy-Spiele+1Steam Store+1

- **WAS ZUM TEUFEL?**: Ein VR-Erlebnis, bei dem die Spieler mit Baseballschlägern als Händen durch die Welt navigieren, was zu lustigen Interaktionen führt.Reddit+1Der Wächter+1

- **WAS IST DAS AUTO?**: Ein Rennspiel mit einem Auto mit Beinen, das eine einzigartige und humorvolle Herangehensweise an das Genre bietet.Triband macht Comedy-Spiele+2Der Guardian+2Wikipedia+2

Jedes dieser Spiele zeigt das Engagement von Triband, unerwartete und unterhaltsame Spielerlebnisse zu bieten.

Engagement für Comedy im Gaming

Triband widmet sich der Erforschung des unterrepräsentierten Genres der Komödie in Videospielen. Sie lassen sich aus verschiedenen Quellen inspirieren, darunter Abenteuerspiele und alltägliche Absurditäten, um Inhalte zu schaffen, die bei Spielern Anklang finden, die unbeschwerten Spaß suchen. Ihre Arbeit unterstreicht die Bedeutung von Lachen und Freude am Gaming und hebt sie in der Branche ab.Der Hüter

Gemeinschaft und Kultur

Über ihre Spiele hinaus fördert Triband ein positives Arbeitsumfeld, das Kreativität und Zusammenarbeit fördert. Sie schätzen die Beiträge ihrer Teammitglieder und bemühen sich, eine Kultur zu pflegen, die Innovation und Humor unterstützt. Dieses interne Ethos spiegelt sich in den spielerischen und fesselnden Erfahrungen wider, die sie Spielern auf der ganzen Welt bieten.

1.3 Hauptmerkmale und Spielmodi

Was ist der Zusammenstoß? ist vollgepackt mit Funktionen, die für rasanten Spaß, unvorhersehbare Action und Momente zum Lachen sorgen. Egal, ob du dich für ein schnelles Match entscheidest oder tief in das Multiplayer-Chaos eintauchst, das Spiel hält die Dinge mit einer Vielzahl chaotischer Elemente frisch. Hier ist eine Aufschlüsselung der herausragenden Funktionen und wichtigsten Spielmodi, die Sie erwarten können.

Hauptmerkmale

1. Physikbasiertes Gameplay
Alles in *What The Clash?* wird von unvorhersehbarer, übertriebener

Physik angetrieben. Die Charaktere wackeln, hüpfen, rutschen und schweben auf urkomische Weise, so dass sich jedes Match anders und unerwartet anfühlt. Es geht nicht nur ums Gewinnen – es geht darum, sich an das Chaos anzupassen und Spaß daran zu haben.

2. Wilde Charakteranpassung

Spieler können ihre Charaktere mit lächerlichen Outfits, bizarren Animationen und urkomischen Accessoires anpassen. Von Nudelarmen bis hin zu raketengetriebenen Turnschuhen trägt jede kosmetische Option zum absurden Charme des Spiels bei und lässt dich gleichzeitig deine Persönlichkeit zum Ausdruck bringen.

3. Couch-Koop und Online-Multiplayer

Spiele alleine, lokal mit Freunden oder online mit Spielern aus der ganzen Welt. Egal, ob du deine Fähigkeiten üben oder einen ganzen Raum voller Gegner herausfordern möchtest, das Spiel passt sich deinem Stil an. Die Modi unterstützen sowohl kompetitives als auch kooperatives Spielen.

4. Ständige Inhaltsaktualisierungen

Triband fügt regelmäßig neue Spielmodi, Herausforderungen, kosmetische Gegenstände und saisonale Events hinzu. Das Spiel entwickelt sich im Laufe der Zeit weiter, hält es lebendig und stellt sicher, dass es immer etwas Neues zu entdecken oder zu meistern gibt.

Spielmodi

1. Clash Royale (Free-for-All Brawl)

Eine Arena ohne Regeln, in der jeder Spieler für sich selbst kämpft, in der der letzte Stehende gewinnt. Erwarte fliegende Waffen, Power-Ups und wilde Wendungen des Schicksals. Perfekt für schnellen, chaotischen Spaß.

2. Team-Tag-Ärger

Zwei Teams treten in einem epischen Fangen-Spiel mit einer
Wendung gegeneinander an. Die Spieler müssen Hindernissen
ausweichen, zusammenarbeiten und ihre Umgebung zu ihrem
Vorteil nutzen. Es ist schnell, hektisch und voller Überraschungen.

3. Turbo-Streckenrennen

Die Spieler rasen durch Strecken voller Fallen, physikbasierter
Hürden und unerwarteter Wendungen. Mit unvorhersehbaren
Charakterbewegungen und Power-Up-Spielereien hängt der Sieg oft
vom glücklichen Timing und der kreativen Problemlösung ab.

4. Chaos Challenges (Mini-Game Gauntlet)

Ein rotierender Satz verrückter Minispiele – vom Bogenschießen
mit schlaffen Armen bis hin zum Balancieren auf beweglichen
Plattformen. Diese Schnellfeuergeschosse stellen die Reflexe, die
Anpassungsfähigkeit und vor allem deinen Sinn für Humor auf die
Probe.

1.4 Was macht es einzigartig?

Was ist der Zusammenstoß? hebt sich in einem überfüllten Feld von
Multiplayer-Partyspielen ab, indem es seine eigene Art von
Absurdität, physikalischer Mechanik und komödiantischem Chaos
umarmt. Während viele Spiele auf strenge Kontrolle und
kompetitive Balance abzielen, *ist What The Clash?* lebt von
Unberechenbarkeit und Humor und schafft einen einzigartigen
Raum für Spieler, die auf der Suche nach etwas wirklich
Besonderem sind.

1. Physik-First-Spaß

Im Gegensatz zu traditionellen Spielen, die auf Realismus abzielen, ist *What The Clash?* Lehnt sich voll und ganz an die Ragdoll-Physik an. Die Charaktere stolpern, flippen und fliegen auf übertriebene, cartoonartige Weise und schaffen so urkomische Momente, die unmöglich vorherzusagen oder zu replizieren sind. Diese zentrale Designentscheidung macht selbst die einfachste Aktion – wie den Sprung über eine Pfütze – zu einem unvorhersehbaren Abenteuer.

2. Absurder Humor als Kernmechanik

Wo die meisten Spiele hier oder da einen Witz einbauen, *ist What The Clash?* baut Comedy in jeden Teil des Erlebnisses ein. Von unbeholfenen Laufanimationen bis hin zu bizarren Power-Ups (wie einem Hot-Dog-Werfer oder einer düsenbetriebenen Hose) ist das Spiel so konzipiert, dass es dich ständig zum Lachen bringt - egal ob du gewinnst, verlierst oder einfach nur herumfällst.

3. Unkonventionelle Minispiele

Die Spielmodi sind mehr als nur Standardrennen oder Schlachten. Du wirst dich dabei ertappen, wie du mit wackeligen Armen Bogenschießen spielst, an Trampolin-Sumo-Matches teilnimmst oder sprintest, während dein halber Körper in Flammen steht. Jede Herausforderung ist darauf ausgelegt, Erwartungen zu untergraben, zum Experimentieren anzuregen und die Dinge unvorhersehbar zu halten.

4. Zugänglich und dennoch tiefgründig

Trotz seiner Albernheit ist *What The Clash?* ist nicht nur für Gelegenheitsspieler. Hinter dem Chaos verbirgt sich eine überraschende Tiefe: Die Beherrschung der Bewegungsphysik, das

Erlernen der Eigenheiten jedes Minispiels und die Koordination mit Teamkollegen können erfahrenen Spielern einen Wettbewerbsvorteil verschaffen. Es ist ein Spiel, das sowohl unbeschwerten Spaß als auch strategisches Spielen belohnt.

Kapitel 2: Erste Schritte

2.1 So greifen Sie auf das Spiel zu (Apple Arcade)

Kommen Sie in die Heiterkeit von *What The Clash?* ist dank seiner exklusiven Verfügbarkeit auf **Apple Arcade**, dem Premium-Abonnementdienst für Spiele von Apple, ein einfacher Vorgang. Egal, ob du auf einem iPhone, iPad, Mac oder Apple TV spielst, du kannst dich in nur wenigen Schritten ins Chaos stürzen.

Schritt 1: Apple Arcade abonnieren

Was ist der Zusammenstoß? ist nur für Apple Arcade-Abonnenten verfügbar. So legen Sie los:

- Öffnen Sie den **App Store** auf Ihrem Apple-Gerät.

- Tippe unten auf den **Tab "Arcade"**.

- Wählen Sie **"Kostenlose Testversion starten"** oder **"Abonnement" aus** , wenn Sie noch kein Mitglied sind.

  - Apple Arcade bietet eine **einmonatige kostenlose Testversion** an, danach kostet es **4,99 $/Monat** (USD) ohne Werbung oder In-App-Käufe.

Apple Arcade-Abonnements sind **für die Familienfreigabe aktiviert,** sodass bis zu **sechs Familienmitglieder** mit einem einzigen Abonnement spielen können.

Schritt 2: Suchen und Herunterladen *von What The Clash?*

Sobald Sie das Abonnement abgeschlossen haben, können Sie nach dem Spiel suchen:

- Tippen Sie **im** App Store **auf "Suchen**" und geben Sie *"What The Clash?" ein.*

- Tippen Sie in den Suchergebnissen auf das Spiel.

- Klicken Sie auf **Abrufen** oder **Installieren** , um es auf Ihr Gerät herunterzuladen.

Das Spiel ist in der Regel ein **paar hundert MB groß**, also stellen Sie sicher, dass Sie über WLAN verfügen oder bei Bedarf über genügend mobile Daten verfügen.

Schritt 3: Starten Sie das Spiel

Nach der Installation:

- Tippen Sie auf die Schaltfläche *What The Clash?* auf Ihrem Startbildschirm.

- Das Spiel wird automatisch mit deiner Apple-ID und deinem Arcade-Abonnement verknüpft.

- Es sind keine zusätzlichen Anmeldungen oder Käufe erforderlich – einfach reinspringen und loslegen!

Schritt 4: Geräteübergreifende Unterstützung

Dank **des Apple-Ökosystems** kann *What The Clash?* Unterstützt
geräteübergreifende Synchronisierung:

- Starten Sie eine Sitzung auf Ihrem iPhone und beenden Sie
  sie auf Ihrem iPad oder Mac.

- Apple Cloud-Speicherstände stellen sicher, dass deine
  Fortschritte, Einstellungen und Freischaltungen nahtlos auf
  alle Geräte übertragen werden.

Wenn du mehrere Apple-Geräte besitzt, ist es unglaublich bequem,
überall und jederzeit zu spielen.

2.2 Übersicht über Benutzeroberfläche und Bedienelemente

Was ist der Zusammenstoß? verfügt über eine saubere, farbenfrohe
und intuitive Benutzeroberfläche, die das chaotische Gameplay
ergänzt. Trotz des übertriebenen Humors und der
unvorhersehbaren Physik des Spiels sind die Benutzeroberfläche
(UI) und die Steuerung so gestaltet, dass die Dinge zugänglich und
einfach zu navigieren sind - egal, ob du ein Erstspieler oder ein
erfahrener Veteran bist.

Übersicht über das Hauptmenü

Wenn du das Spiel startest, wirst du vom **Hauptmenü begrüßt**, das
normalerweise Folgendes enthält:

- **Spielen**: Stürze dich direkt in die Action – entweder alleine, im Mehrspielermodus oder im Schnellspiel.

- **Anpassen**: Personalisiere deinen Charakter mit lustigen Outfits, albernen Animationen und freischaltbaren Skins.

- **Spielmodi**: Durchsuchen Sie die verfügbaren Modi (z. B. Clash Royale, Tag Trouble, Turbo Races).

- **Erfolge**: Sieh dir Trophäen, Fortschritte und Meilensteine an.

- **Einstellungen**: Passen Sie Audio, Steuerelemente, Bedienungshilfen und Anzeigeeinstellungen an.

- **Profil**: Überprüfe deine Spielerstatistiken, Siegesserien und Chaos-Punkte.

Die Benutzeroberfläche verwendet große, leicht zu erkennende Symbole und flotte Übergänge mit Soundeffekten und Grafiken, die zum verspielten Ton des Spiels passen.

HUD (Heads-Up Display) Aufschlüsselung

Sobald du in einem Match bist, erhältst du über das HUD im Spiel gerade genug Informationen, um den Überblick über die Action zu behalten, ohne den Bildschirm zu überladen:

- **Timer**: Oben in der Mitte, zeigt an, wie viel Zeit in der Runde noch verbleibt.

- **Punktestand**: Wird pro Spieler/Team angezeigt – in der Regel in den Ecken.

- **Power-Up-Symbole**: Erscheinen vorübergehend, wenn du sie sammelst oder aktivierst.

- **Spieler-Tag**: Dein Charakter wird mit einem schwebenden Namen oder Symbol gekennzeichnet (unerlässlich in chaotischen Multiplayer-Matches).

- **Statuseffekte**: Temporäre visuelle Effekte zeigen an, ob du eingefroren, verlangsamt, verstärkt usw. bist.

Das HUD passt sich je nach Spielmodus leicht an – Rennmodi können Rundenzähler oder Positionsverfolgung enthalten, während Kampfmodi über Gesundheitsbalken oder Zonen verfügen können.

Übersicht über Steuerelemente (Touch, Controller und Tastatur)

1. Touch-Steuerung (iPhone/iPad):

- **Virtueller Joystick (linke Seite)** – Bewege deinen Charakter.

- **Aktionstaste (rechte Seite)** – Springen, interagieren oder Fähigkeiten verwenden (kontextabhängig).

- **Wisch- oder Tippgesten** – Werden in bestimmten Minispielen verwendet (z. B. Zielen beim Bogenschießen oder Schwingen in Schlagabtauschen).

2. Gamecontroller (empfohlen für Apple TV oder iPad):

- **Linker Stick** – Bewegung

- **A / X Taste** – Springen/Auswählen

- **B / Circle** – Abbrechen oder Rückzug

- **Auslöser** – Power-Ups, Sprint- oder Kontextaktionen (variiert je nach Modus)

3. Tastatur (Mac):

- **Pfeiltasten / WASD** – Bewegen

- **Leertaste** – Springen

- **E oder Shift** – Gegenstand/Fähigkeit verwenden

Das Spiel unterstützt **die Neubelegung von Controllern** und enthält Optionen für **Linkshänder, visuelle Hinweise für farbenblinde Benutzer** und **adaptives Eingabe-Timing** für die Barrierefreiheit.

Profi-Tipps für die Navigation in der Benutzeroberfläche

- **Quick Match-Tipp**: Wenn Sie die Play-Taste gedrückt halten, wird ein "Quick Match"-Rad geöffnet, mit dem Sie in den Modus "Zuletzt verwendet" oder "Favorit" wechseln können.

- **Anpassungsverknüpfung**: Tippe im Hauptmenü auf deinen Charakter, um sofort auf den Anpassungsbildschirm zuzugreifen.

- **Humor-Einstellungen umschalten**: Einige visuelle Gags (wie Furzwolken oder alberne Soundeffekte) können in den Einstellungen deaktiviert werden, wenn Sie ein saubereres Erlebnis bevorzugen.

2.3 Navigieren in den Menüs

Was ist der Zusammenstoß? verfügt über ein einfaches, aber effektives Menüsystem, mit dem Sie schnell in die Action einsteigen und gleichzeitig alles, was Sie brauchen, in Reichweite hat. Die Menüs sind farbenfroh gestaltet und mit klaren Symbolen versehen, die dafür sorgen, dass Sie auch mitten in einem hektischen Spiel leicht finden, wonach Sie suchen. Hier ist eine detaillierte Anleitung zum Navigieren in den verschiedenen Abschnitten des Spiels.

Hauptmenü

Beim Start von *What The Clash?*, werden Sie vom **Hauptmenü begrüßt**. Hier findest du deine wichtigsten Optionen, um in das Spiel einzutauchen. Hier ist, was Sie antreffen werden:

- **Spielen**:
  Tippe auf diese Option, um direkt in ein Match zu springen. Du hast die Möglichkeit, alleine zu spielen, mit Freunden im lokalen Mehrspielermodus zu spielen oder in eine Online-Sitzung einzusteigen.

- Quick Match: Eine schnelle Option, um sofort mit dem Spielen zu beginnen.

- *Auswahl des Spielmodus*: Wähle aus verschiedenen Spielmodi wie Clash Royale, Turbo Track Races und mehr.

- *Multiplayer-Optionen*: Lade Freunde ein oder nimm an zufälligen Online-Matches teil.

- **Anpassen**:
  Tippe hier, um das Aussehen deines Charakters zu ändern. In diesem Menü können Sie Folgendes ändern:

  - **Outfits**: Wähle aus einer Vielzahl von lustigen Skins und Accessoires (einige davon werden im Laufe des Spiels freigeschaltet).

  - **Animationen**: Passe die Art und Weise an, wie sich dein Charakter bewegt, stolpert und reagiert.

  - **Emotes & Verspottungen**: Schalte spielerische Gesten oder Verspottungen frei und rüste sie für den Einsatz im Spiel aus.

- **Spielmodi**:
  Mit dieser Option gelangen Sie zu einer Liste aller verfügbaren Spielmodi, sowohl Gelegenheits- als auch Wettkampfmodi. Hier können Sie:

  - **Nach Modus filtern**: Wähle aus Modi wie **Solo Brawl**, **Team Tag** oder **Mini-Game Gauntlet**.

- o **Erklärung des Modus**: Bewegen Sie den Mauszeiger über jeden Modus, um eine Beschreibung der Regeln und Ziele anzuzeigen.

- o **Aktive Modi drehen**: Die Modi ändern sich häufig, sodass Sie jedes Mal etwas Neues finden.

- **Erfolge**:
  Verfolge deinen Fortschritt in diesem Abschnitt. Hier finden Sie:

  - o **Trophäen & Meilensteine**: Verdiene Belohnungen für das Abschließen bestimmter Herausforderungen oder das Erreichen bestimmter Meilensteine.

  - o **Fortschrittsanzeige**: Sieh dir deinen gesamten Spielfortschritt an, z. B. die Anzahl der gespielten Spiele, die erzielten Tore oder die erreichten Chaos-Levels.

  - o **Bestenliste**: Sieh dir die globale Rangliste oder die Rangliste deiner Freunde an.

- **Einstellungen**:
  Passen Sie hier Ihr Spielerlebnis an:

  - o **Audioeinstellungen**: Steuern Sie Musik, Soundeffekte und Sprachlautstärke.

  - o **Steuerung**: Ordne die Tasten für Controller oder Touch-Steuerung an deinen Spielstil an.

  - o **Grafik/Anzeige**: Passen Sie Qualität und Auflösung an oder wechseln Sie zwischen Vollbild- und

Fenstermodus.

- **Barrierefreiheit**: Schalten Sie visuelle Hinweise um, passen Sie den Schwierigkeitsgrad an oder aktivieren Sie spezielle Einstellungen für farbenblinde Spieler.

- **Profil**:
  Sieh dir deine Spielerstatistiken und -informationen an:

  - **Spielerlevel**: Sieh dir deinen Fortschritt, verdiente Belohnungen und freischaltbare Gegenstände an.

  - **Statistiken**: Verfolge deine Gewinne, Niederlagen, Lieblingsspielmodi und mehr.

  - **Freundesliste**: Verwalten Sie Ihre Freundesverbindungen, laden Sie sie zum Spielen ein oder sehen Sie, wer online ist.

Menü im Spiel

Während des Spiels kannst du pausieren und auf das **Spielmenü zugreifen,** indem du die entsprechende Taste drückst (normalerweise **Esc** auf der Tastatur oder **Start** auf Controllern). Hier ist, was Sie finden werden:

- **Fortsetzen**: Kehren Sie sofort zum Spiel zurück.

- **Einstellungen**: Nimm bei Bedarf während des Spiels schnelle Anpassungen an Sound, Grafik oder Steuerung vor.

- **Spiel verlassen**: Beenden Sie das aktuelle Spiel und kehren Sie zum Hauptmenü zurück.

- **Endspiel**: Beende die aktuelle Runde, wenn du dich in einer privaten oder benutzerdefinierten Sitzung befindest.

- **Statistiken**: Sieh dir eine schnelle Aufschlüsselung deiner Leistung im Spiel an (Punktestand, Kills, Assists usw.).

Navigieren durch die Spielmodi

Was ist der Zusammenstoß? Bietet eine ständig wechselnde Reihe von Spielmodi. Wenn du auf **die Spielmodi tippst**, siehst du:

- **Modusfilter**: Verwende Kategorien wie "Casual" oder "Competitive", um die Modi zu filtern, die du spielen möchtest.

- **Modusvorschauen**: Fahre mit der Maus über jeden Spielmodus, um eine kurze Beschreibung zu erhalten und wichtige Details wie Ziele, Anzahl der Spieler oder einzigartige Herausforderungen zu sehen.

- **Rotations-Timer**: Ein Countdown, der anzeigt, wie lange ein aktueller Modus dauert, bevor er in einen anderen Modus wechselt. *Was ist der Zusammenstoß?* wechselt häufig die Spielmodi, um die Dinge frisch und spannend zu halten.

Schnelle Tipps für eine reibungslose Navigation

- **Navigationstasten**: Verwenden Sie die **Tabulatortaste** (Tastatur) oder die **Tasten L1/L2** (Controller), um schnell durch die Abschnitte in den Menüs zu blättern.

- **Häufige Moduswechsel**: Wenn Ihnen ein bestimmter Spielmodus gefällt, verwenden Sie die **Option Favoriten**, um schnell darauf zuzugreifen.

- **Einstellungsanpassungen**: In einem besonders chaotischen Spiel können Sie im **Einstellungsmenü** schnell Anpassungen vornehmen, wenn Sie die Action überwältigend finden.

2.4 Ersteinrichtung und Tipps für neue Spieler

Starten Sie Ihre *What The Clash?* Die Reise kann sowohl aufregend als auch ein wenig überwältigend sein, vor allem bei all dem Chaos, das darauf wartet, sich zu entfalten. Aber keine Sorge! Egal, ob du ganz neu in Multiplayer-Partyspielen bist oder einfach nur ein wenig Anleitung brauchst, dieser Abschnitt hilft dir dabei, reibungslos loszulegen und gibt dir ein paar Tipps, wie du das Beste aus deinen ersten Sitzungen herausholen kannst.

Schritt 1: Ersteinrichtung

Wenn Sie *What The Clash?* Zum ersten Mal werden Sie aufgefordert, einige grundlegende Einrichtungsaufgaben auszuführen, um sicherzustellen, dass Ihre Erfahrung nahtlos ist:

1. Melden Sie sich mit der Apple ID

an *. Seit What The Clash?* Teil des Apple Arcade-Ökosystems ist, musst du dich mit deiner Apple-ID anmelden. Dieser Schritt stellt sicher, dass Ihr Spielfortschritt in der Cloud gespeichert und auf mehreren Geräten (iPhone, iPad, Mac oder Apple TV) zugänglich ist.

2. Wähle deine Einstellungen Bevor du
dich in ein Spiel stürzt, passe deine Spieleinstellungen an:

- **Audioeinstellungen**: Passen Sie die Lautstärke von Musik und Soundeffekten nach Ihren Wünschen an.

- **Steuerung**: Wähle zwischen der Touch-Steuerung (für Mobilgeräte/iPad) oder Controller/Tastatur, wenn du auf dem Mac oder Apple TV spielst.

- **Visuelle Einstellungen**: Stellen Sie das Spiel auf Ihre bevorzugte Auflösung und Grafikeinstellungen ein. Das Spiel passt sich automatisch an, um eine reibungslose Leistung zu gewährleisten, aber Sie können dies bei Bedarf feinabstimmen.

3. Passe deinen Charakter an
Der nächste Schritt besteht darin, deinen Charakter zu personalisieren. Wähle einen Standard-Skin und experimentiere mit den ersten Kostümoptionen. Später kannst du im Laufe des Spiels weitere ausgefallene Outfits, Animationen und Emotes freischalten.

4. Tutorial-Modus
Zu Beginn hast du die Möglichkeit, ein kurzes Tutorial zu durchlaufen, das dich in die grundlegenden Mechaniken und Steuerelemente einführt. Wenn du neu in Spielen dieses Genres bist, empfehlen wir dir dringend, das Tutorial durchzugehen – es wird dir alles beibringen, von der Bewegung deines Charakters bis hin zur Interaktion mit Spielobjekten und der Verwendung von Power-Ups.

Schritt 2: Die Grundlagen verstehen

Nachdem du die Ersteinrichtung abgeschlossen hast, ist es an der Zeit, in dein erstes Match einzutauchen! Hier sind ein paar wichtige Dinge, die Sie beachten sollten:

1. Die Steuerung
Was ist der Clash? Bietet ein einfaches Steuerungsschema, das Sie leicht erlernen können:

- **Bewegung**: Verwende den linken Stick oder die Pfeiltasten, um deinen Charakter zu bewegen. Die Bewegungsphysik kann wackelig und unvorhersehbar sein, also mach dir keine Sorgen, wenn dein Charakter ein wenig herumstolpert – das ist alles Teil des Spaßes!

- **Aktionstaste**: Drücke diese Taste, um zu springen, mit Objekten zu interagieren oder Spezialfähigkeiten einzusetzen, je nach Spielmodus.

- **Power-Ups**: Halte Ausschau nach Power-Ups, die während der Matches zufällig erscheinen. Diese können dir vorübergehende Boosts, Schilde oder sogar verrückte Fähigkeiten wie das Schießen von Bananen verleihen.

2. Die Physik lernen
Erwarte das Unerwartete! Die Physik-Engine des Spiels ist so konzipiert, dass sich jedes Spiel unvorhersehbar und chaotisch anfühlt. Anstatt jede Bewegung präzise kontrollieren zu können, werden die Aktionen deines Charakters von einer urkomischen Physik beeinflusst, die alles ein wenig unbeholfen erscheinen lässt, aber letztendlich Spaß macht. Umarme das Chaos!

3. Spielziele

Jeder Spielmodus hat sein eigenes Ziel, z. B. der letzte Spieler zu sein, der noch steht, ein Rennen zu beenden oder Gegner zu markieren. Achten Sie auf das Ziel jedes Modus und passen Sie Ihre Strategie entsprechend an.

Schritt 3: Tipps für das frühe Spiel

Als neuer Spieler sind hier einige Tipps, die Ihnen helfen, in Ihren ersten Spielen erfolgreich zu sein (und eine tolle Zeit zu haben):

1. Haben Sie keine Angst vor dem Scheitern (das ist Teil des Spaßes!)

Seit *What The Clash?* dreht sich alles um das Chaos, mach dir anfangs nicht zu viele Sorgen über den Sieg. Konzentriere dich darauf, Spaß zu haben, die Spielmechanik zu lernen und dich an die Physik zu gewöhnen. Über deine Fehler zu lachen ist der halbe Spaß dieses Spiels!

2. Experimentieren Sie mit verschiedenen Modi

Das Spiel bietet eine Vielzahl von Modi, jeder mit seinen eigenen Regeln und Herausforderungen. Probieren Sie sie alle aus, um herauszufinden, welche Ihnen am besten gefallen. Einige erfordern vielleicht mehr Strategie, während andere reiner Spaß und Zufälligkeit sind. Haben Sie keine Angst vor Erkundungen!

3. Power-Up-Bewusstsein

: Power-Ups können das Blatt in einem Spiel wenden. Behalte im Auge, wo sie spawnen, und sei bereit, sie dir zu schnappen – vor allem, wenn du etwas Spielveränderndes wie Unbesiegbarkeit oder einen Geschwindigkeitsschub siehst. Aber denk daran, dass diese Power-Ups oft ihre eigenen unvorhersehbaren Konsequenzen haben!

4. Meistere die Bewegung
Auch wenn es auf den ersten Blick wie ein zufälliges Stolpern erscheinen mag, kannst du mit etwas Übung den Dreh raus haben. Lerne, die Bewegungen deines Charakters zu antizipieren, Sprünge zu nutzen, um Feinden auszuweichen, und versuche, deinen Schwung zu kontrollieren, um nicht von Vorsprüngen zu fallen oder gegen Hindernisse zu stoßen.

Schritt 4: Multiplayer-Grundlagen

1. Verbünde dich mit Freunden
Wenn du mit Freunden lokal oder online spielst, sind Kommunikation und Koordination der Schlüssel. Versuchen Sie, mit Teammitgliedern in teambasierten Modi Strategien zu entwickeln, da die Zusammenarbeit Ihnen einen großen Vorteil verschaffen kann.

2. Multiplayer-Etikette
Wie bei jedem Online-Multiplayer-Spiel ist es wichtig, anderen Spielern gegenüber respektvoll zu sein. *Was ist der Zusammenstoß?* soll ein lustiges und unbeschwertes Erlebnis sein, also haltet die Energie positiv und genießt gemeinsam das zufällige Chaos.

3. Freischaltbare Gegenstände und Fortschritt
Während du spielst, schaltest du neue kosmetische Gegenstände, Emotes und Fähigkeiten frei. Diese Gegenstände sind nur zum Spaß gedacht und ermöglichen es dir, das Aussehen deines Charakters weiter anzupassen. Sie haben keinen Einfluss auf das Gameplay, aber sie fügen dem Erlebnis eine Ebene der Personalisierung hinzu.

Schritt 5: Übung macht den Meister

Während das Spiel so konzipiert ist, dass es auch bei Misserfolgen Spaß macht, wirst du mit der Zeit besser. Je mehr du spielst, desto mehr lernst du über die Mechanik und Physik des Spiels, was dir hilft, das Chaos zu antizipieren und dich an neue Situationen anzupassen. Bald wirst du gekonnt Flugobjekten ausweichen, Power-Ups nutzen und sogar einige der fortgeschritteneren Strategien in Multiplayer-Matches meistern.

Kapitel 3: Grundlegende Gameplay-Mechaniken

3.1 Grundlagen der Bewegung und Physik

Die Bewegung in *What The Clash?* geht es darum, das Unvorhersehbare zu akzeptieren. Das Spiel verwendet eine dynamische Physik-Engine, die einfache Aktionen in lustige Momente verwandelt. Hier erfährst du, was du über das Bewegen deines Charakters wissen musst und wie sich die Physik auf das Gameplay auswirkt.

Bewegung der Figuren

- **Wackeliger Gang**: Dein Charakter bewegt sich nicht in einer geraden Linie. Stattdessen stolpern, schwanken und rutschen sie oft in unerwartete Richtungen, was den Schwerpunkt des Spiels auf die Ragdoll-Physik widerspiegelt.

- **Laufen und Gehen**: Du kannst den linken Analogstick (Controller) oder die Pfeiltasten (Tastatur) verwenden, um die Bewegung zu steuern. Aufgrund der Physik des Spiels ist das Laufen jedoch selten gerade – dein Charakter kann je nach Untergrund und Schwung driften oder rutschen.

- **Springen**: Drücke die Aktionstaste, um deinen Charakter springen zu lassen. Die Höhe und Distanz des Sprungs kann je nach deinem aktuellen Schwung variieren, also sei auf unvorhersehbare Airtime vorbereitet!

- **Klettern und Rutschen**: In bestimmten Bereichen der Karte kann dein Charakter Wände erklimmen oder Hänge hinunterrutschen. Diese Aktionen erfordern etwas Übung, da sie von der Umgebung (Steilheit, Oberflächen usw.) beeinflusst werden.

Physik in Aktion

- **Unvorhersehbare** Interaktionen: Die Physik-Engine des Spiels sorgt dafür, dass selbst grundlegende Interaktionen chaotisch sind. Wenn du zum Beispiel gegen ein Objekt oder einen anderen Spieler stößt, kann es sein, dass dein Charakter in eine unerwartete Richtung schleudert. Diese Unvorhersehbarkeit trägt zum Spaß und zur Herausforderung des Spiels bei.

- **Impuls**: Charaktere haben einen Schwung, der sich darauf auswirkt, wie schnell oder weit sie sich bewegen. Wenn du bergab läufst, musst du damit rechnen, zu beschleunigen, und wenn du dich bergauf bewegst, kannst du dramatisch langsamer werden. Zu lernen, mit dieser Dynamik umzugehen, ist der Schlüssel, um sich in der Umgebung zurechtzufinden.

- **Reaktionen auf die Umgebung**: Einige Oberflächen (wie Eis oder Schlamm) können dazu führen, dass dein Charakter unkontrolliert ausrutscht und rutscht, was es schwieriger macht, die Kontrolle zu behalten.

3.2 Wechselwirkungen und Umweltgefahren

Einer der aufregendsten Aspekte von *What The Clash?* sind die interaktiven Umgebungen und die breite Palette an Gefahren, die Ihnen einen Strich durch die Rechnung machen können. Von explosiven Fässern bis hin zu rutschigen Plattformen ist die Umgebung ein ebenso großes Hindernis wie deine Gegner.

Interaktive Objekte

- **Abschussrampen**: In bestimmten Bereichen gibt es Abschussrampen, die deinen Charakter in die Luft oder über die Karte befördern. Setze diese strategisch ein, um Gefahren auszuweichen oder die Distanz zwischen dir und einem Ziel zu verringern.

- **Trampoline und Bounce Pads**: Diese bieten eine hohe vertikale Mobilität, sodass Sie herumhüpfen und schwer zugängliche Stellen erreichen können. Aber Vorsicht: Wenn du zu hoch hüpfst, könntest du in einer Gefahrenzone landen!

- **Bewegliche Plattformen**: Diese können Ihnen entweder helfen, neue Gebiete zu erreichen, oder eine ernsthafte Herausforderung darstellen. Diese Plattformen können sich in jede Richtung bewegen, so dass du deine Bewegungen perfekt timen musst, um nicht zu fallen oder stecken zu bleiben.

- **Explosive Objekte**: Einige Levels sind mit Fässern, Kisten oder Fallen gefüllt, die explodieren, wenn man mit ihnen interagiert. Vermeide sie oder nutze sie zu deinem Vorteil, indem du Gegner in sie schleuderst.

Gefahren für die Umwelt

- **Fallstricke**: In vielen Arenen gibt es Löcher, Lücken oder Lavagruben, die dich sofort aus der Runde eliminieren können, wenn du hineinfällst. Achte auf deinen Stand und sei darauf vorbereitet, zu springen oder diesen Bereichen auszuweichen.

- **Stacheln**: Einige Oberflächen enthalten Stacheln, die Schaden verursachen oder dich sofort aus dem Spiel werfen. Halte dich von ihnen fern oder nutze deine Umgebung, um Gegner auf die Stacheln zu stoßen!

- **Gefährliches Wetter**: In bestimmten Modi können Wettereffekte wie Regen oder Schnee die Umgebung beeinflussen und glattes oder unebenes Gelände verursachen, das die Fortbewegung erschwert.

Der Schlüssel zum Überleben dieser Gefahren sind schnelle Reflexe und Anpassungsfähigkeit. Entscheidend für den Erfolg ist es zu erkennen, welche Gefahren Sie zu Ihrem Vorteil nutzen können und welche Sie vermeiden sollten.

3.3 Power-Ups und Tonabnehmer

Power-Ups sind ein wichtiger Bestandteil von *What The Clash?*, die den Spielern vorübergehende Boosts oder Fähigkeiten zur Verfügung stellen, die den Verlauf eines Spiels verändern können. Diese zufälligen Drops fügen eine aufregende Ebene der Strategie hinzu und zwingen die Spieler, das Beste aus den Vorteilen zu machen, die sie finden.

Arten von Power-Ups

- **Geschwindigkeitsschub**: Eine vorübergehende Geschwindigkeitserhöhung, die es dir ermöglicht, schneller über die Karte zu zoomen, Gegnern zu entkommen oder eingehenden Angriffen auszuweichen. Perfekt für Rennen oder die Flucht vor gefährlichen Situationen.

- **Unbesiegbarkeitsschild**: Macht dich für kurze Zeit immun gegen Schaden. Nutze dies, um Hindernisse zu überwinden oder zu vermeiden, von feindlichen Angriffen außer Gefecht gesetzt zu werden.

- **Raketenbooster**: Befestige Raketen am Rücken deines Charakters, die dich für kurze Zeit in die Luft katapultieren. Dies ist ideal, um aus engen Räumen zu entkommen oder hohe Plattformen zu erreichen.

- **Super Punch**: Ein mächtiger Angriff, der Gegner mit einem einzigen Schlag wegschleudert. Benutze es, um den Bereich zu räumen oder Feinde zu stören, die versuchen, Punkte zu erzielen.

- **Hüpfball**: Ein riesiger, aufblasbarer Ball, der Feinde überrollen und aus dem Weg räumen kann. Es ist eine unterhaltsame Möglichkeit, Gegner in Gefahren zu drängen oder sie aus dem Weg zu räumen.

Power-Ups finden

- Power-Ups spawnen zufällig auf der Karte, oft an bestimmten Orten oder nachdem ein bestimmtes Ereignis sie ausgelöst hat. Halten Sie die Augen nach diesen Gegenständen offen, da sie den Ausgang eines Spiels erheblich beeinflussen können.

- **Pickups**: Zusätzlich zu den Power-Ups gibt es in bestimmten Spielmodi Sammelobjekte, die du dir schnappen kannst, um Punkte zu sammeln oder deine Leistung zu steigern. Diese Gegenstände können im gesamten Level verstreut oder an schwierigen Orten versteckt gefunden werden.

Power-Ups effektiv nutzen

Das Timing und die Positionierung von Power-Ups sind entscheidend. Beeile dich nicht, dir jedes Power-Up zu schnappen, das du siehst – einige können in bestimmten Situationen vorteilhafter sein, und du solltest sie dir vielleicht für später im Spiel aufheben, wenn sie dir einen Vorteil verschaffen.

3.4 Spieltypen: Von Rennen bis hin zu Chaosschlachten

Was ist der Zusammenstoß? Bietet eine Vielzahl von Spielmodi, jeder mit seinen eigenen Regeln und Zielen. Wenn Sie die verschiedenen Arten des Gameplays verstehen, können Sie Ihre Strategie anpassen, um zu gewinnen.

1. Clash Royale (Battle Royale)

In diesem Modus ist jeder Spieler auf sich allein gestellt. Das Ziel ist einfach: der Letzte zu sein, der noch steht. Nutze Power-Ups, Umweltgefahren und deinen Verstand, um Gegner zu eliminieren und dabei zu vermeiden, selbst k.o. zu gehen.

2. Turbo-Bahnrennen

Fahre gegen andere Spieler auf Strecken voller Hindernisse. Das Ziel ist es, als Erster ins Ziel zu kommen, aber die Strecke ist voller Umweltgefahren, Sprünge und Fallstricke, die dich verlangsamen oder vom Kurs abbringen könnten. Power-Ups spielen hier eine große Rolle und helfen dir, dir einen Vorteil gegenüber der Konkurrenz zu verschaffen.

3. Team-Tag-Ärger

Dabei handelt es sich um einen teambasierten Modus, in dem die Spieler ihre Gegner markieren und selbst vermeiden müssen, getaggt zu werden. Arbeite mit deinem Team zusammen, um Feinde einzufangen oder deine Teamkameraden zu schützen. Teamkoordination und Strategie sind in diesem Modus der Schlüssel.

4. Minispiel-Spießrutenlauf (Chaos-Herausforderung)

Das Chaos geht in dieser Reihe von Minispielen weiter, jedes mit unterschiedlichen Zielen und Mechaniken. Vom Vermeiden herabfallender Gegenstände bis hin zum Lösen von Rätseln unter Zeitdruck brauchst du schnelle Reflexe und Anpassungsfähigkeit, um zu gewinnen. Die Minispiele wechseln regelmäßig, um das Gameplay frisch und spannend zu halten.

Kapitel 4: Charakterrollen und Spielstile

4.1 Standardzeichen und Anpassung

Zu Beginn von *What The Clash?* finden Sie eine Auswahl von Standardzeichen. Diese Charaktere dienen als Basis für dein Spielerlebnis und kommen mit einer Vielzahl einzigartiger Persönlichkeiten, Erscheinungen und Fähigkeiten.

Standard-Zeichenauswahl

- **Charaktervielfalt:** Das Spiel bietet eine Vielzahl von Charakteren, jeder mit seinen eigenen einzigartigen Eigenschaften. Einige sind schneller, während andere widerstandsfähiger sind oder besondere Fähigkeiten besitzen. Du beginnst mit ein paar grundlegenden Optionen, aber im Laufe des Spiels schaltest du noch mehr Charaktere mit aufregenden neuen Designs und Fähigkeiten frei.

- **Charakterästhetik:** Von skurrilen Outfits bis hin zu urkomischen Gesichtsausdrücken sind die Standardcharaktere so gestaltet, dass sie die lustige und unvorhersehbare Natur des Spiels widerspiegeln. Du kannst das Outfit und das Aussehen deines Charakters ändern, aber die Kernwerte und -fähigkeiten bleiben gleich, es sei denn, du schaltest erweiterte Anpassungsoptionen frei.

Anpassungsoptionen

Die Anpassung spielt eine große Rolle in *What The Clash?* Da du verschiedene Aspekte deines Charakters ändern kannst:

- **Outfits und Accessoires**: Wenn du Herausforderungen meisterst oder im Spiel voranschreitest, schaltest du neue Skins, Kostüme, Hüte und mehr frei. Diese kosmetischen Gegenstände haben keinen Einfluss auf das Gameplay, aber sie ermöglichen es dir, deinen Charakter zu personalisieren.

- **Animationen**: Passe an, wie sich dein Charakter bewegt, reagiert und mit anderen Spielern interagiert. Wähle aus verschiedenen Animationen, darunter Tänze, Spott und feierliche Gesten.

- **Emotes und Verspottungen**: Mit der Emote-Auswahl kannst du deine Stimmung im Spiel ausdrücken oder dich mit deinen Gegnern anlegen. Diese spielerischen Details bringen Humor in das Chaos des Spiels.

4.2 Charakterwerte (Geschwindigkeit, Beweglichkeit usw.) verstehen

Während alle Charaktere in *What The Clash?* Sie haben die gleichen grundlegenden Steuerelemente, ihre Werte können erheblich variieren. Das Verständnis dieser Charakterwerte ist wichtig, um deinen Spielstil anzupassen und den richtigen Charakter für jeden Spielmodus auszuwählen.

Wichtige Charakter-Statistiken

- **Geschwindigkeit**: Die Geschwindigkeit bestimmt, wie schnell sich dein Charakter über die Karte bewegt. Schnellere Charaktere eignen sich perfekt, um Angriffen auszuweichen, Power-Ups zu sammeln oder durch Hindernisparcours zu rasen. Wenn du ein Fan von schnellem, hochmobilem Gameplay bist, entscheide dich für Charaktere mit höheren Geschwindigkeitswerten.

- **Beweglichkeit**: Beweglichkeit beeinflusst, wie gut dein Charakter ausweichen, springen oder sich von Fehlern erholen kann. Beweglichkeit ist besonders nützlich, um Umweltgefahren zu vermeiden oder knifflige Situationen zu überstehen, in denen Sie schnelle Reflexe benötigen.

- **Stärke**: Stärke bestimmt die Fähigkeit deines Charakters, Gegner zurückzustoßen oder Objekte zu schubsen. Charaktere mit höherer Stärke eignen sich hervorragend für offensives Spiel, da sie es dir ermöglichen, Gegner zu stören, Hindernisse zu beseitigen oder Feinde in Fallen zu stoßen.

- **Ausdauer**: Ausdauer ist ein versteckter Wert, der die Ausdauer deines Charakters beeinflusst. Ein höherer Ausdauerwert bedeutet, dass dein Charakter seine Geschwindigkeit und Bewegung über längere Zeiträume aufrechterhalten kann, ohne langsamer zu werden, was in intensiveren, längeren Matches entscheidend sein kann.

Werte-Synergie

Unterschiedliche Werte können sich gegenseitig ergänzen, und es ist wichtig zu verstehen, wie man sie zusammen verwendet. Zum Beispiel:

- Ein Charakter mit hoher Geschwindigkeit und Beweglichkeit eignet sich hervorragend, um durch chaotische Bereiche zu rennen und Hindernissen auszuweichen.

- Ein Charakter mit hoher Stärke und Ausdauer zeichnet sich durch kraftbasierte Spielmodi aus, in denen es darauf ankommt, Gegner zu schubsen oder auszuknocken.

4.3 Rollenbasierte Taktiken (Support, Speedster, Trickster)

Jeder Charakter in *What The Clash?* können sich aufgrund ihrer Werte und Fähigkeiten in verschiedenen Rollen auszeichnen. Wenn du diese Rollen und die entsprechenden Taktiken verstehst, kannst du eine Gewinnstrategie entwickeln, die auf deinen Spielstil zugeschnitten ist.

1. Unterstützung

Unterstützungscharaktere sind nicht die schnellsten oder stärksten, aber sie zeichnen sich dadurch aus, dass sie Teamkameraden helfen und den Spielfluss kontrollieren. Sie eignen sich perfekt für teambasierte Modi oder wenn du eine strategische, taktische Rolle spielen möchtest.

- **Taktik:**

- Konzentriere dich auf die Heilung, das Buffen von Teamkameraden oder die Kontrolle von Bereichen der Karte.

- Nutze deine Fähigkeiten, um feindliche Strategien zu durchkreuzen und Möglichkeiten für dein Team zu schaffen.

- Bleibe im Hintergrund und vermeide direkte Kämpfe, wann immer es möglich ist.

- **Beispielcharakter**: Ein Charakter mit mäßiger Geschwindigkeit, aber hoher Ausdauer und nützlichen Fähigkeiten (z.B. Gebietsheilung oder Barrieren schaffen) wäre ideal für diese Rolle.

2. Flitzer

Speedster sind auf Mobilität und schnelle Action ausgelegt. Sie verursachen vielleicht nicht den meisten Schaden, aber ihre blitzschnellen Reflexe machen sie von unschätzbarem Wert, um Rennen zu fahren, Power-Ups zu sammeln oder Gefahren auszuweichen.

- **Taktik:**

  - Nutzen Sie Ihre Geschwindigkeit, um wichtige Pickups vor dem Wettkampf zu sammeln.

  - Konzentriere dich darauf, Kämpfe zu vermeiden und stattdessen Ziele wie das Erreichen von Checkpoints oder das Sammeln von Punkten in Rennen zu priorisieren.

- Nutzen Sie Ihre Geschwindigkeit, um dem Chaos einen Schritt voraus zu sein und unnötige Risiken zu vermeiden.

- **Beispielcharakter**: Ein Charakter mit hoher Geschwindigkeit und Beweglichkeit, aber geringerer Stärke würde perfekt in die Rolle des Flitzers passen. Diese Art von Charakter lebt eher von Ausweichmanövern und Geschwindigkeit als von direkter Konfrontation.

3. Trickster

Bei Trickster-Charakteren dreht sich alles um Irreführung und Überraschung. Sie sind die Meister der Täuschung und nutzen trickreiche Züge oder Fähigkeiten, um ihre Gegner zu überlisten und Chaos zu stiften.

- **Taktik:**

  - Nutze deine Beweglichkeit und deine einzigartigen Fähigkeiten, um Feinde zu verwirren und aus brenzligen Situationen zu entkommen.

  - Stelle Fallen, lenke Gegner ab und manipuliere das Schlachtfeld zu deinem Vorteil.

  - Konzentriere dich darauf, Verwirrung und Chaos zu stiften, wodurch es für Feinde schwieriger wird, deinen nächsten Zug vorherzusagen.

- **Beispielcharakter**: Ein Charakter mit mäßiger Geschwindigkeit und hoher Beweglichkeit, zusammen mit besonderen Fähigkeiten wie Teleportation oder

Unsichtbarkeit, wäre ideal für diese Rolle. Ihr Ziel ist es, Feinde aus dem Gleichgewicht zu bringen und aus der Verwirrung Kapital zu schlagen.

4.4 Die Wahl des richtigen Stils für Sie

Nun, da du die verschiedenen Charakterrollen und -werte kennst, wie wählst du den richtigen Spielstil für dich aus? Welcher Charakter für dich am besten geeignet ist, hängt letztendlich von deiner bevorzugten Herangehensweise an das Spiel und den spezifischen Herausforderungen jedes Spiels ab.

1. Spielstil-Einstellungen

- Wenn du **rasante Action** magst und unterwegs bist, könnte die Rolle des **Speedsters** am besten zu dir passen. Halte Ausschau nach Charakteren mit hoher Geschwindigkeit und Beweglichkeit und konzentriere dich auf Ziele, die auf Mobilität angewiesen sind.

- Wenn du es vorziehst, **dein Team zu unterstützen** und Siege zu orchestrieren, dann kannst du als Unterstützer-Charakter auf subtile, aber kraftvolle Weise helfen. Halte Ausschau nach Charakteren, die die Teamdynamik verbessern und nützlich sind.

- Wenn du gerne **Psychospiele spielst** und deine Gegner mit unvorhersehbaren Taktiken überlistest, ist die Rolle des **Tricksters** eine gute Wahl. Diese Charaktere erfordern etwas mehr Finesse und Gerissenheit, was sie ideal für Spieler macht, die Irreführung und chaotisches Gameplay mögen.

2. Experimentieren und anpassen

Das Schöne an *What The Clash?* liegt in der Vielfalt der Rollen und Charaktere. Scheuen Sie sich nicht, mit verschiedenen Charakteren und Stilen zu experimentieren. Vielleicht stellst du fest, dass du dich von Natur aus zu einem bestimmten Spielstil hingezogen fühlst, oder du stellst fest, dass du es genießt, je nach Situation die Rollen zu wechseln.

3. Bewertung des Match-Bedarfs

Berücksichtigen Sie immer den Spielmodus und die allgemeine Teamzusammensetzung, bevor Sie Ihren Charakter auswählen. Einige Matches können von einem ausgewogenen Team aus Supportern, Flitzern und Trickstern profitieren, während andere einen aggressiveren oder defensiveren Ansatz erfordern. Die Anpassung an die Bedürfnisse des Spiels ist entscheidend für den Erfolg.

Kapitel 5: Waffen und Ausrüstung

5.1 Arten von Geräten und ihre Verwendung

Das Spiel bietet eine Vielzahl von Waffen und Ausrüstungsgegenständen, die während der Spiele gefunden oder ausgerüstet werden können. Diese Gegenstände fügen Strategieebenen hinzu und helfen den Spielern, sich an verschiedene Situationen anzupassen oder sogar das Blatt im Kampf zu ihren Gunsten zu wenden. Hier ist eine Aufschlüsselung der häufigsten Arten von Ausrüstung, denen du begegnen wirst:

1. Nahkampfwaffen

- **Baseballschläger**: Eine solide, zuverlässige Waffe, um Gegner aus dem Weg zu räumen oder aus nächster Nähe Schaden zu verursachen. Es ist eine großartige Wahl für Charaktere, die sich auf Stärke und Kontrolle konzentrieren.

- **Vorschlaghammer**: Eine schlagkräftige Waffe, die erheblichen Schaden verursacht. Obwohl er nur langsam schwingt, kann er Feinde aus großer Entfernung zurückstoßen und ist perfekt, um in einem überfüllten Match Platz zu schaffen.

2. Fernkampfwaffen

- **Schleuder**: Eine schnelle Waffe mit mittlerer Reichweite, die Projektile auf Gegner abfeuert. Sie verursacht zwar nicht so viel Schaden wie schwerere Waffen, kann aber verwendet werden, um Gegner zu belästigen oder Umweltgefahren aus der Ferne auszulösen.

- **Blasterpistole**: Eine leistungsstarke Fernkampfwaffe, die Laserstrahlen abfeuert. Es ist perfekt für Spieler, die es vorziehen, Feinde aus der Ferne anzugreifen, so dass du angreifen kannst, ohne dich selbst in Gefahr zu bringen.

3. Explosive Ausrüstung

- **Granaten**: Granaten können auf Gegner oder auf das Schlachtfeld geworfen werden und in einem bestimmten Radius Explosionsschaden verursachen. Sie eignen sich hervorragend, um feindliche Stellungen zu stören und mitten im Kampf Chaos zu stiften.

- **Minenfeld-Kit**: Diese einsetzbare Ausrüstung ermöglicht es Spielern, Minen zu platzieren, die explodieren, wenn Feinde über sie laufen. Ein strategisches Werkzeug, um bestimmte Bereiche der Karte zu kontrollieren und Fallen zu erstellen.

4. Versorgungseinrichtungen

- **Schild**: Ein tragbarer Schild, der eine bestimmte Menge an Schaden absorbieren kann. Nutze sie, um eingehende Angriffe abzuwehren oder dich zu schützen, während du auf eine Gelegenheit zum Angriff wartest.

- **Jetpack**: Rüste dieses Gerät aus, um kurze vertikale Bewegungen zu erzielen, die dir helfen, hohe Plattformen zu erreichen oder schnell aus engen Situationen zu entkommen. Es ist ein unverzichtbarer Gegenstand für Spieler, die in Bewegung bleiben und nicht gefangen sein wollen.

Jedes Ausrüstungsteil dient einem anderen Zweck, sei es der direkte Kampf, die Verteidigung oder die Mobilität. Der Schlüssel liegt darin, die richtige Ausrüstung für deinen Spielstil und die spezifischen Anforderungen des Spielmodus zu wählen.

5.2 Ausrüstung freischalten und aufrüsten

Im Laufe des Spiels *What The Clash?* schaltest du eine Vielzahl neuer Ausrüstungsgegenstände und Upgrades frei, die dein Gameplay verbessern können. Das Fortschrittssystem sorgt dafür, dass es immer etwas Neues gibt, das man anstreben kann, und hält das Gameplay frisch und spannend.

Ausrüstung entsperren

- **Abschließen von Herausforderungen**: Bestimmte Gegenstände werden durch das Abschließen von Herausforderungen oder Missionen im Spiel freigeschaltet. Diese Herausforderungen können bestimmte Ziele beinhalten, wie z. B. das Gewinnen einer bestimmten Anzahl von Spielen, das Erreichen einer hohen Punktzahl oder das

Ausführen einzigartiger Aufgaben während des Spiels.

- **Aufleveln**: Indem du in Matches Erfahrungspunkte (XP) sammelst, schaltest du beim Aufleveln neue Ausrüstung frei. Einige Ausrüstungsgegenstände werden auf bestimmten Stufen freigeschaltet, je mehr du also spielst, desto mächtiger wird dein Arsenal.

- **Besondere Ereignisse**: Gelegentlich, *What The Clash?* wird besondere Events oder zeitlich begrenzte Spielmodi bieten, die Spieler mit exklusiver Ausrüstung belohnen. Nehmt an diesen Events teil, um Zugang zu seltenen Gegenständen zu erhalten, die nur für kurze Zeit verfügbar sind.

Ausrüstung aufrüsten

- **Upgrade-Materialien**: Einige Ausrüstungsgegenstände können mit Spielwährung oder Materialien aufgewertet werden. Upgrades können den Schaden, die Haltbarkeit oder die Spezialeffekte von Waffen und Ausrüstung erhöhen und sie so noch mächtiger machen. Wenn du zum Beispiel deinen Schild aufrüstest, kann er seine Schadensresistenz erhöhen, oder wenn du deine Schleuder aufrüstest, kann er schneller schießen.

- **Aufwertungsbäume**: Jedes Ausrüstungsteil hat einen Fortschrittsbaum. Während du verschiedene Upgrades freischaltest, kannst du je nach deinem bevorzugten Spielstil wählen, welchen Weg du einschlagen möchtest. Egal, ob du möchtest, dass deine Granaten mehr Schaden anrichten oder dein Jetpack länger hält, die Upgrades ermöglichen es dir, deine Ausrüstung an deine Bedürfnisse anzupassen.

5.3 Ausrüstungsstrategien für Spielmodi

Unterschiedliche Spielmodi erfordern unterschiedliche Strategien, und die Art und Weise, wie du deine Ausrüstung einsetzt, kann deinen Erfolg stark beeinflussen. In diesem Abschnitt zeigen wir dir, wie du deine Waffen und Ausrüstung je nach Modus, den du spielst, am besten einsetzt.

1. Battle Royale (Clash Royale)

- **Waffenstrategie**: In diesem rasanten Modus musst du offensive Waffen priorisieren, die hohen Schaden verursachen und Gegner schnell eliminieren können. Die **Blasterpistole** und **der Vorschlaghammer** sind ideal für aggressives Spielen. Halte eine **Granate** bereit, um Gebiete zu räumen oder feindliche Gruppierungen zu stören.

- **Verteidigungsstrategie**: Rüste einen **Schild** aus, um eingehende Angriffe abzuwehren, besonders wenn du wenig Gesundheit hast. **Jetpacks** sind auch eine gute Wahl, um Gefahren zu entkommen, da sie es dir ermöglichen, höher gelegen zu sein oder nicht in die Enge getrieben zu werden.

2. Turbo-Bahnrennen

- **Waffenstrategie**: Fernkampfwaffen wie die **Schleuder** eignen sich hervorragend, um Gegner zu bedrängen, ohne an Geschwindigkeit zu verlieren. Konzentriere dich darauf, andere Spieler zu stören und sie in Fallen zu zwingen, anstatt dich auf einen direkten Kampf einzulassen.

- **Mobilitätsstrategie**: Nutze das **Jetpack,** um vertikale Mobilität zu erlangen und Hindernissen auszuweichen, oder um schnell Barrieren zu überwinden, die andere Spieler verlangsamen. Geschwindigkeit und Beweglichkeit sind in diesem Modus der Schlüssel, also rüste dich mit Ausrüstung aus, die deine schnellen Bewegungen unterstützt.

3. Team-Tag-Ärger

- **Waffenstrategie**: Als **Unterstützungscharakter** solltest du dich darauf konzentrieren, Hilfe zu leisten, anstatt Schaden zu verursachen. Rüste **Hilfsmittel** wie **Schilde** aus, um Teamkameraden zu schützen und die Karte zu kontrollieren.

- **Falleneinstellung**: Wenn du die Rolle des **Tricksters** schlüpfst, platziere **Minen** an strategischen Orten, um Feinde zu überraschen und ihnen den Weg zu versperren.

4. Minispiel-Spießrutenlauf

- **Waffenstrategie**: Die chaotische Natur der Minispiele bedeutet, dass du vielseitige Ausrüstung benötigst. **Explosive Ausrüstung** wie **Granaten** können dir helfen, Ziele oder Gegner im Minispiel zu stören. Achten Sie jedoch darauf, wann Sie sie verwenden – zu viel Chaos kann nach hinten losgehen.

- **Utility Strategy**: **Shield** kann dir helfen, gefährliche Minispiele zu überleben, die Gefahren wie herabfallende Gegenstände oder Fallen beinhalten. Halte es während hochriskanter Minispiele ausgerüstet, um deine Überlebenschancen zu maximieren.

5.4 Seltene und besondere Gegenstände

Gelegentlich kann *What The Clash?* führt seltene oder besondere Gegenstände ein, die nur auf besondere Weise erhalten werden können. Diese Gegenstände sind oft mächtig und können in bestimmten Situationen einen großen Vorteil bieten.

1. Legendäre Waffen

- **Laserschwert**: Eine Nahkampfwaffe, die bei jedem Schlag massiven Schaden verursacht. Dieser Gegenstand ist selten und kann in bestimmten Bereichen mit hohem Risiko und hoher Belohnung auf der Karte gefunden werden.

- **Elektromagnetische Impulswaffe (EMP)**: Eine Fernkampfwaffe, die die Ausrüstung und Fähigkeiten von Feinden vorübergehend außer Gefecht setzt. Es ist perfekt, um Gegner zu stören, die stark auf ihre Power-Ups und Ausrüstung angewiesen sind.

2. Event-exklusive Ausrüstung

Während besonderer Events kannst du exklusive Ausrüstung freischalten, die während des regulären Spiels nicht verfügbar ist. Diese Gegenstände haben oft einzigartige Fähigkeiten oder kosmetische Eigenschaften:

- **Schwerkraftstiefel**: Ein seltener Gegenstand, mit dem du für begrenzte Zeit an Wänden und Decken spazieren gehen kannst. Dieser Gegenstand eignet sich perfekt, um sich in schwierigem Gelände zurechtzufinden oder Feinden auf engstem Raum auszuweichen.

- **Phönixfeder:** Ein seltener Gegenstand, der dich wiederbelebt, nachdem du in einem Match eliminiert wurdest, und dir eine zweite Chance gibt, weiter zu kämpfen. Es ist ein Game-Changer in Modi, in denen es entscheidend ist, am Leben zu bleiben.

3. Kosmetische Sammlerstücke

Einige besondere Gegenstände sind nicht nur funktional, sondern auch kosmetisch. Diese seltenen Skins, Outfits und Accessoires werden für das Erreichen wichtiger Meilensteine vergeben, wie z. B. das Gewinnen einer bestimmten Anzahl von Spielen oder die Teilnahme an besonderen Herausforderungen.

Kapitel 6: Strategien und Tipps für alle Niveaus

6.1 Tipps für Anfänger und häufige Fehler

Für diejenigen, die gerade erst anfangen, What *The Clash?* kann mit all der chaotischen Action und den verschiedenen Spielmechaniken überwältigend sein. Wenn du die Grundlagen verstehst und häufige Fehler vermeidest, wirst du in deinen ersten Spielen erfolgreich sein.

Wichtige Tipps für Anfänger:

1. **Lerne die grundlegende Steuerung**: Beginne damit, die grundlegende Bewegungs- und Angriffssteuerung zu beherrschen. Egal, ob du rennst, springst oder Waffen benutzt, wenn du dich mit diesen Kernaktionen vertraut machst, erhältst du die Grundlage, die du für komplexere Strategien brauchst.

2. **Konzentriere dich auf das Überleben**: In der Anfangsphase solltest du lieber am Leben bleiben, als andere anzugreifen. Es ist leicht, sich in das Chaos zu verwickeln, aber es ist entscheidend, lange genug zu überleben, um die Spielmechanik zu lernen. Halte dich nach Möglichkeit an die Ränder der Karte und vermeide es, direkt in Konfrontationen zu geraten.

3. **Setze Power-Ups mit Bedacht ein**: Power-Ups können einen großen Unterschied machen, aber sie sind am effektivsten, wenn sie strategisch eingesetzt werden. Verschwenden Sie sie nicht, wenn Sie bereits in einer guten Position sind. Hebe sie dir stattdessen für Momente auf, in denen du einen Vorteil brauchst, z. B. wenn du in die Enge getrieben wirst oder fliehen musst.

4. **Wisse, wann du dich zurückziehen solltest**: Fühle dich nicht unter Druck gesetzt, jeden Feind zu bekämpfen, dem du begegnest. Manchmal ist es besser, sich zurückzuziehen und auf eine bessere Gelegenheit zu warten. Wenn du wenig Gesundheit hast oder in der Unterzahl bist, kannst du fliehen und dich neu gruppieren, anstatt dich in die Schlacht zu stürzen.

Häufige Fehler, die Sie vermeiden sollten:

- **Überforderung**: Jage deinen Gegnern nicht zu weit aus dem Weg, vor allem, wenn dich das in gefährliche Situationen führt.

- **Ignorieren von Zielen**: Es ist leicht, sich von der Action ablenken zu lassen, aber denke daran, dass die meisten Spielmodi Ziele haben, die für den Sieg entscheidend sind. Stelle sicher, dass du zum Erreichen dieser Ziele beiträgst und dich nicht nur auf den Kampf konzentrierst.

- **Verschwendung** von Munition: Im Fernkampf solltest du nicht wahllos schießen. Spare deine Munition für die Zeit, in der du einen Treffer garantieren kannst, und achte auf deine Schüsse.

6.2 Fortgeschrittene Taktik und Momentumkontrolle

Sobald Sie sich mit den Grundlagen vertraut gemacht haben, sollten Sie mit der Entwicklung von Zwischenstrategien beginnen, die fortgeschrittenere Bewegungen und die Kontrolle des Spieltempos beinhalten. Momentum ist der Schlüssel in *What The Clash?*, und zu wissen, wie man es pflegt und zu seinem Vorteil nutzt, wird dich zu einem beeindruckenden Spieler machen.

Wichtige Taktiken für fortgeschrittene Spieler:

1. **Kontrollieren Sie das** Tempo: Verstehen Sie, wann Sie die Aktion forcieren und wann Sie sich zurückhalten sollten. Wenn du vorne bist, konzentriere dich darauf, die Karte zu kontrollieren und zu verhindern, dass Feinde an Boden gewinnen. Umgekehrt, wenn du zurückliegst, suche nach Momenten, um deine Gegner zu überraschen und aufzuholen.

2. **Flankieren und Positionieren**: Anstatt frontal anzugreifen, nutze Flankenrouten, um Gegner zu besiegen. Positioniere dich so, dass du im Kampf im Vorteil bist – sei es, dass du hohe Gebiete einnimmst, Hindernisse als Deckung nutzt oder in Bereichen bleibst, die es Feinden erschweren, dich in die Enge zu treiben.

3. **Kombo-Angriffe**: Nutze eine Mischung aus den Fähigkeiten und Waffen deines Charakters, um Angriffe miteinander zu verketten. Setze zum Beispiel eine Sprenggranate ein, um Feinde in eine Ecke zu drängen, und setze dann einen starken Nahkampfwaffenangriff oder Fernkampffeuer voraus, um sie zu erledigen. Die Kombination von

Ausrüstung und Fähigkeiten ist wichtig, um den Schadensausstoß zu maximieren.

4. **Zonenkontrolle und Gebietsverweigerung**: Einige Ausrüstungsgegenstände, wie Minen oder Granaten, können bestimmte Bereiche der Karte kontrollieren. Nutze diese Werkzeuge, um Feinde in ungünstige Positionen zu zwingen, ihre Bewegung einzuschränken und sie in Konfrontationen zu zwingen, in denen du im Vorteil bist.

Momentum-Management:

- **Halte deine Feinde in der Defensive**: Wenn du vorne liegst, lass nicht locker. Setze deine Gegner weiter unter Druck, damit sie sich nicht neu formieren und an Schwung gewinnen können.

- **Gruppieren und erholen** Sie sich: Wenn Sie zurückliegen, nehmen Sie sich die Zeit, sich zurückzusetzen. Nutze ruhigere Momente, um Power-Ups zu sammeln, unnötige Kämpfe zu vermeiden und deinen nächsten Schritt sorgfältig zu planen.

6.3 Fortgeschrittene Kombos und Meta-Taktiken

Für fortgeschrittene Spieler ist das Meistern von Charakterkombinationen und das Verständnis der sich entwickelnden Meta des Spiels der Schlüssel, um der Konkurrenz einen Schritt voraus zu sein. *Was ist der Zusammenstoß?* ist ein rasantes Spiel mit einem sich ständig verändernden

Wettbewerbsumfeld, und wenn du die besten Strategien kennst, kannst du die Oberhand behalten.

Erweiterte Kombos:

1. **Synergie zwischen Waffen und Fähigkeiten**: Die besten Spieler wissen, wie sie den Einsatz von Waffen mit den Spezialfähigkeiten ihres Charakters kombinieren können. Wenn du zum Beispiel ein Jetpack benutzt, um in die Höhe zu gelangen, und dann eine Granate auf Feinde unter dir abwirft, können sie überrascht werden. Wenn du einen Schild verwendest, während du mit einer mächtigen Nahkampfwaffe nach vorne stürmst, kannst du die gegnerische Verteidigung durchbrechen, ohne Schaden zu nehmen.

2. **Ultimative Fähigkeitskombos**: Viele Charaktere haben ultimative Fähigkeiten, die den Verlauf eines Spiels verändern können. Wenn du diese Fähigkeiten mit zeitgesteuerten Angriffen deiner Teamkameraden kombinierst oder sie im richtigen Moment einsetzt, kann das zu verheerenden Ergebnissen führen. Wenn du zum Beispiel eine EMP-Explosion einsetzt, um feindliche Ausrüstung außer Gefecht zu setzen, bevor du eine mächtige Offensive startest, kann das die Verteidigung deiner Feinde lahmlegen.

3. **Umweltgefahren**: Einige Karten enthalten Umgebungselemente, die strategisch eingesetzt werden können. Zum Beispiel kann es ein effektiver Weg sein, Feinde in einen gefährlichen Bereich wie eine Fallenzone oder eine Umweltgefahr zu führen, um Gegner zu erledigen, ohne sie direkt anzugreifen.

4. **Kombo-Fluchten**: Wenn du in Gefahr bist, ziehe dich nicht einfach zurück. Nutze eine Kombination aus Bewegungsfähigkeiten und Ausweichmanövern, um dich schwerer treffen zu können. Rüste dich mit Geschwindigkeitsverstärkern oder Ausweichgeräten aus, um aus kniffligen Situationen zu entkommen, und behalte das Gelände immer im Auge, um Fluchtwege zu finden.

Meta-Taktiken:

- **Passen Sie sich an die Meta an**: Die Meta des Spiels (die effektivsten verfügbaren Taktiken) kann sich ändern, wenn neue Patches oder Updates veröffentlicht werden. Behalte die Änderungen an Charakterwerten, Fähigkeiten und Ausrüstung im Auge, um immer einen Schritt voraus zu sein.

- **Gegner analysieren**: Achte auf die Strategien, die deine Gegner anwenden, und passe sie entsprechend an. Wenn sie stark auf Sprengstoff angewiesen sind, kontere mit Schilden oder Ausrüstung, die die Beweglichkeit verbessert, um nicht getroffen zu werden. Wenn sie geschwindigkeitsbasierte Charaktere verwenden, verwenden Sie Verlangsamungstaktiken wie Minen oder Fallen, um ihren Schwung zu unterbrechen.

6.4 Teambasiertes Spielen und Kommunikation

In teambasierten Modi sind die Kommunikation und Koordination mit Ihren Teamkollegen essentiell für den Erfolg. Individuelles Können ist zwar wichtig, aber die Zusammenarbeit als geschlossene

Einheit ist der Schlüssel zur Dominanz von Multiplayer-Matches. Hier sind einige Tipps für effektives teambasiertes Spielen.

Wichtige Tipps für teambasiertes Spielen:

1. **Koordinatenziele**: In vielen Teammodi besteht das Hauptziel nicht nur darin, Feinde zu besiegen, sondern auch bestimmte Ziele zu erreichen (z. B. das Erobern von Flaggen, das Halten von Zonen oder das Rennen). Stellen Sie sicher, dass sich jeder in Ihrem Team der Ziele bewusst ist und darauf hinarbeitet und sich nicht nur auf die Eliminierung von Gegnern konzentriert.

2. **Rollen zuweisen**: Weisen Sie bestimmte Rollen innerhalb des Teams zu, z. B. Angriff, Verteidigung und Unterstützung. Wenn du einen **Flitzer hast**, lass ihn sich auf Ziele konzentrieren, die schnelle Bewegungen erfordern, während deine **Unterstützer** zurückbleiben können, um Teamkameraden zu schützen und Fallen aufzustellen.

3. **Decken Sie sich gegenseitig ab**: Achten Sie immer auf die Positionen Ihrer Teamkollegen. Wenn jemand in Gefahr oder überfordert ist, hilf ihm. Eine gut getimte Rettung oder ein Schild-Boost kann den Unterschied ausmachen, wenn es darum geht, das Team stark und zusammenhaltend zu halten.

4. **Kommunikation ist der Schlüssel**: Nutzen Sie Sprach- oder Text-Chat, um in ständiger Kommunikation mit Ihrem Team zu bleiben. Rufe feindliche Standorte an, warne Teamkameraden vor herannahenden Bedrohungen oder koordiniere den Einsatz von Spezialfähigkeiten. Eine gute Kommunikation kann die Leistung eines Teams dramatisch

steigern.

Fortgeschrittene Teamtaktiken:

- **Feuer fokussieren**: Wenn du Feinde angreifst, konzentriere deine Angriffe auf ein einzelnes Ziel, um sie schnell zu eliminieren. Dies ist besonders effektiv in teambasierten Modi, in denen überwältigende Zahlen der Schlüssel zum Sieg sind.

- **Synchronisierung der ultimativen Fähigkeiten**: Wenn mehrere Teamkameraden über mächtige ultimative Fähigkeiten verfügen, koordiniere ihren Einsatz, um maximale Wirkung zu erzielen. Zum Beispiel können alle Teammitglieder ihre ultimativen Fähigkeiten gleichzeitig aktivieren, um den Feind mit einem einzigen, entscheidenden Schlag zu überwältigen.

- **Flankieren und Hinterhalte**: Richte Hinterhalte ein, indem du einige Teammitglieder an weniger offensichtlichen Orten positionierst, während andere den Feind ablenken. Dies schafft eine Öffnung für einen Überraschungsangriff.

Kapitel 7: Missions- und Level-Komplettlösungen

7.1 Übersicht über den Kampagnenmodus

Der Kampagnenmodus in *What The Clash?* Bietet eine aufregende und herausfordernde Reise durch mehrere Levels voller Action, Rätsel und Feinde. Jede Mission ist so konzipiert, dass sie deine Fähigkeiten nach und nach auf die Probe stellt und dich dazu bringt, die Spielmechanik zu meistern, während du ein storybasiertes Abenteuer entwirrst.

Hauptmerkmale des Kampagnenmodus:

1. **Story-Fortschritt**: Im Laufe der Kampagne entdeckst du die Geschichte des Spiels und erfährst mehr über die Welt, die Charaktere und die Konflikte, die die Action vorantreiben. Die Geschichte entfaltet sich durch Zwischensequenzen und Dialoge, während du Missionen abschließt.

2. **Abwechslungsreiche Ziele**: Jedes Level bietet einzigartige Ziele, vom Besiegen aller Feinde über das Überleben zeitlich begrenzter Herausforderungen bis hin zum Lösen von Rätseln oder dem Sammeln bestimmter Gegenstände. Das Abschließen von Zielen bringt nicht nur die Geschichte voran, sondern schaltet auch neue Ausrüstung, Fähigkeiten und Fertigkeiten frei.

3. **Schwierigkeitsskalierung**: Der Kampagnenmodus bietet eine Reihe von Schwierigkeitsstufen, die es dir ermöglichen, auf einem zugänglicheren Level zu beginnen und dich zu schwierigeren Herausforderungen hochzuarbeiten. Jeder Schwierigkeitsgrad fügt neue Hindernisse, stärkere Feinde und komplexere Missionsstrukturen hinzu.

4. **Belohnungen und Freischaltungen**: Während du in jedem Level voranschreitest, wirst du mit Spielwährung, Ausrüstungs-Upgrades und freischaltbaren Inhalten belohnt. Diese Belohnungen sind der Schlüssel zum Fortschritt in schwierigeren Missionen, in denen bessere Ausrüstung und Fähigkeiten unerlässlich sind.

Tipps für den Erfolg im Kampagnenmodus:

- **Konzentriere dich auf das Erreichen von Zielen**: Obwohl der Kampf ein wichtiger Teil der Kampagne ist, sollte das Erreichen von Missionszielen immer deine Priorität sein. Lass dich nicht von Feinden ablenken, wenn das bedeutet, dass du wichtige Missionsziele verfehlst.

- **Strategisches Upgrade**: Priorisiere Upgrades, die deine Überlebensfähigkeit verbessern oder den Schaden für Missionen erhöhen, die du besonders herausfordernd findest.

- **Ressourcen sparen**: Einige Level bieten begrenzte Ressourcen wie Munition oder Gesundheitspakete. Setze diese Gegenstände strategisch ein, vor allem in härteren Levels oder Bosskämpfen.

7.2 Detaillierte Walkthroughs für jedes Level

Jedes Level in *What The Clash?* hat seine eigenen Herausforderungen, Feinde und Umweltgefahren. Hier erklären wir Ihnen, wie Sie die einzelnen Phasen der Kampagne mit einer Schritt-für-Schritt-Anleitung angehen können.

Stufe 1: "Clash Beginnings"

- **Ziel**: Besiege alle Feinde und erreiche den Ausgang.

- **Wichtige Tipps**: In diesem Einführungslevel lernst du die Grundlagen des Kampfes und der Bewegung. Konzentriere dich auf das Erlernen der Steuerung und das Üben des Timings für Angriffe und Ausweichmanöver.

- **Feinde**: Eine Mischung aus einfachen Feinden, die leicht zu besiegen sind, dich aber überwältigen können, wenn du nicht aufpasst. Nutze die Umgebung zu deinem Vorteil, z. B. indem du dich hinter einer Deckung versteckst, um deine Gesundheit wiederherzustellen.

- **Strategie**: Nimm dir Zeit, die Umgebung zu erkunden, um versteckte Gegenstände und Power-Ups zu finden. Nutze deine Nahkampfwaffe, um Munition für spätere Stufen zu sparen.

Stufe 2: "Abtrünnige Läufer"

- **Ziel**: Gewinne das Rennen gegen feindliche Konkurrenten.

- **Wichtige Tipps**: In diesem Level ist Geschwindigkeit dein größter Verbündeter. Nutze das **Jetpack**, um Abkürzungen zu erhalten und Fallen zu vermeiden.

- **Feinde**: Rivalisierende Rennfahrer, die versuchen werden, deinen Lauf zu sabotieren. Achte auf Fallen, die sie entlang der Strecke aufstellen.

- **Strategie**: Halte ein gleichmäßiges Tempo und nutze Power-Ups, um deine Geschwindigkeit an kritischen Punkten zu erhöhen. Vermeide es, gegen Feinde zu kämpfen, es sei denn, es ist notwendig; Priorisieren Sie das Erreichen der Ziellinie.

Stufe 3: "Labyrinth des Tricksters"

- **Ziel**: Löse Umgebungsrätsel und besiege die Schergen des Tricksters.

- **Wichtige Tipps**: Dieses Level kombiniert Kampf mit dem Lösen von Rätseln. Achte auf Umgebungshinweise wie Hebel, Schalter und Türen, die sich öffnen, wenn sie ausgelöst werden.

- **Feinde**: Trickster-Vasallen, die sich teleportieren können, was es schwierig macht, sie zu fangen. Verwende Flächenwaffen wie Granaten, um sie zu treffen, während sie sich bewegen.

- **Strategie**: Konzentriere dich auf das Lösen des Rätsels und behalte die Bewegungen der Feinde im Auge. Schalte Feinde schnell mit Fernkampfwaffen aus, bevor sie dich überwältigen können.

Stufe 4: "Höhle des Chaos"

- **Ziel**: Entkomme aus der einstürzenden Höhle, während du dich mit Feinden auseinandersetzt.

- **Wichtige Tipps**: Dieses Level erfordert schnelles Denken und schnelle Reflexe. Die Umgebung verändert sich ständig, Wände stürzen ein und neue Feinde tauchen auf.

- **Feinde**: Eine Mischung aus wendigen Feinden, die versuchen, dich in die Enge zu treiben. Bleibe in Bewegung und benutze das **Jetpack**, um nicht in eine Falle zu geraten.

- **Strategie**: Behalten Sie die Einsturzzonen im Auge und versuchen Sie, der Gefahr einen Schritt voraus zu sein. Setze Granaten ein, um Feinde schnell auszuschalten, und halte immer Ausschau nach Gesundheitsaufhebungen.

7.3 Bosskämpfe und wie man gewinnt

Bosskämpfe gehören zu den intensivsten Momenten in *What The Clash?*. Diese Begegnungen stellen alles auf die Probe, was du bisher gelernt hast, und erfordern kluge Taktiken, schnelle Reflexe und manchmal auch ein bisschen Glück. Hier erfährst du, wie du mit einigen der wichtigsten Bosse umgehst.

Chef 1: "Der General"

- **Fähigkeiten**: Der General setzt schwere Artillerie ein und fordert Verstärkung an, um dich zu überwältigen.

- **Strategie**: Bleibe in Bewegung, um Artilleriebeschuss auszuweichen. Benutze einen **Schild** , um eingehenden Schaden abzuwehren, während du dich darauf konzentrierst, die Verstärkungen auszuschalten. Der General ist verwundbar, nachdem er einen Angriff gestartet hat, also nutze die Gelegenheit, um zuzuschlagen.

- **Wichtige Tipps**: Plane deine Angriffe sorgfältig und achte auf Muster in seinen Artillerieangriffen. Überstürzt euch nicht – konzentriert euch darauf, die Verstärkungen zu beseitigen und seine Gesundheit aus der Ferne zu zerstören.

Boss 2: "Königin der Nacht"

- **Fähigkeiten**: Die Königin nutzt Illusionen, um dich zu verwirren und schickt Wellen von Schergen auf dich.

- **Strategie**: Hüte dich vor ihren Illusionen und konzentriere dich auf die echte Königin, wenn sie verwundbar ist. Benutze **EMP-Waffen** , um ihre Illusionen vorübergehend zu deaktivieren.

- **Wichtige Tipps**: Bleib mobil und greife die echte Königin an, während du den Schergen ausweichst. Lass dich nicht von den Illusionen verwirren; Sie sind nur Ablenkungen.

Boss 3: "Titanic-Ungetüm"

- **Fähigkeiten**: Dieser massive Boss verfügt über verheerende Flächenangriffe und ein dickes gepanzertes Fell.

- **Strategie**: Setze schwere Sprengstoffe wie Granaten oder die **Blasterpistole** ein, um aus sicherer Entfernung Schaden zu verursachen. Zielen Sie auf Schwachstellen ab, wie z. B. die exponierten Stellen an den Gliedmaßen und am Rücken.

- **Wichtige Tipps**: Dieser Kampf erfordert Geduld und Positionierung. Konzentriere dich darauf, seinen schweren Schlägen auszuweichen und nutze jede Gelegenheit, um Schaden zu verursachen, wenn seine Schwachstellen aufgedeckt werden.

7.4 Bonus-Herausforderungen und Zeitrennen

Neben den Hauptmissionen der Kampagne bietet *What The Clash?* Bietet Bonusherausforderungen und Zeitrennen, die zusätzliche Belohnungen bieten und perfekt für diejenigen sind, die ihre Fähigkeiten testen möchten.

Zeitfahren:

- **Ziel**: Schließe das Level so schnell wie möglich ab, vermeide Schaden und sammle Power-Ups.

- **Strategie**: Beim Zeitfahren dreht sich alles um Geschwindigkeit. Kenne das Layout des Levels gut und optimiere deine Route, um Backtracking zu vermeiden.

Verwende Geschwindigkeitsverstärker wie **Jetpacks**, um wertvolle Sekunden zu sparen.

Bonus-Herausforderungen:

- **Ziel**: Erfülle spezielle Ziele, wie z. B. alle Feinde innerhalb eines Zeitlimits zu besiegen, versteckte Gegenstände zu sammeln oder einen Highscore mit minimalem Schaden zu erreichen.

- **Strategie**: Diese Herausforderungen erfordern oft eine andere Herangehensweise als das Standard-Gameplay. Konzentriere dich auf das Erreichen bestimmter Ziele, anstatt einfach nur Feinde zu besiegen. Achten Sie genau auf die Beschreibung der Herausforderung, um die Anforderungen zu verstehen.

Wichtige Tipps für beide:

- **Meistere die Levels**: Bonus-Herausforderungen erfordern oft spezielle Kenntnisse des Kartenlayouts. Nimm dir die Zeit, dir das Level zu merken, um die schnellsten Routen und Schlüsselpositionen zu finden.

- **Ressourcen maximieren**: Spare Power-Ups und Ausrüstung für die anspruchsvollsten Teile von Zeitrennen oder Bonus-Herausforderungen. Je besser Sie Ihre Ressourcen verwalten, desto höher sind Ihre Erfolgschancen.

Kapitel 8: Geheimnisse, Easter Eggs und Sammlerstücke

8.1 Versteckte Elemente und Orte

In der ganzen Welt von *What The Clash?*findest du eine Vielzahl von versteckten Gegenständen und geheimen Orten, die wertvolle Upgrades und zusätzliche Hintergrundinformationen bieten. Diese versteckten Schätze helfen dir nicht nur beim Levelaufstieg, sondern geben dir auch einen zusätzlichen Anreiz, jeden Winkel des Spiels zu erkunden.

Wichtige versteckte Elemente:

1. **Gesundheits-Boosts**: Einige Levels enthalten geheime Gesundheitspakete, auf die man über versteckte Pfade oder Umgebungsrätsel zugreifen kann. Halten Sie Ausschau nach Wänden, die fehl am Platz erscheinen, oder Wegen, die leicht vom Weg abgekommen sind.

2. **Power-Ups**: Bestimmte Power-Ups, wie Geschwindigkeits-Boosts oder spezielle Munitionstypen, sind an obskuren Orten versteckt. Diese befinden sich oft hinter zerstörbaren Wänden oder erfordern, dass du bestimmte Aktionen ausführst, um sie freizuschalten.

3. **Währung**: Neben Power-Ups kann versteckte Währung in geheimen Räumen oder hinter harten Feinden gefunden werden. Diese Währung wird verwendet, um die Fähigkeiten deines Charakters zu verbessern oder spezielle

Ausrüstung zu kaufen.

4. **Charakter-Skins**: Seltene Skins für deine Charaktere kannst du freischalten, indem du versteckte Ecken der Levels erkundest. Bei einigen Skins musst du möglicherweise eine Reihe von Umgebungsherausforderungen meistern oder versteckte Bosse besiegen.

Wo Sie sie finden:

- **Unterirdische Höhlen**: In diesen Levels gibt es oft geheime Tunnel, die durch das Auslösen versteckter Hebel oder das Lösen von Mini-Rätseln zugänglich sind.

- **Erhöhte Plattformen**: In einigen Levels können hohe Plattformen oder knifflige Sprünge dich in versteckte Räume führen, in denen sich mächtige Upgrades oder Sammlerstücke befinden.

- **Hinter zerstörbaren Objekten**: Halte Ausschau nach Kisten, Fässern oder sogar Wänden, die aufgebrochen werden können, um versteckte Gegenstände freizulegen.

8.2 Geheime Levels und freischaltbare Gegenstände

Zusätzlich zu den Hauptkampagnen-Levels bietet *What The Clash?* Verfügt über geheime Ebenen, auf die nur zugegriffen werden kann, wenn bestimmte Bedingungen erfüllt sind. Diese Levels sind oft vollgepackt mit zusätzlichen Herausforderungen, exklusiven Belohnungen und einzigartigen Geschichten.

So entsperren Sie geheime Levels:

1. **Schließe versteckte Ziele ab**: In einigen Levels gibt es versteckte Ziele, die nach Abschluss einen geheimen Pfad freischalten, der zu einem Bonuslevel führt. Wenn du zum Beispiel alle Nebenziele in einem einzigen Level erfüllst oder einen Boss besiegst, ohne Schaden zu nehmen, kann dies dazu führen, dass eine neue Stufe freigeschaltet wird.

2. **Erreiche Highscores**: Einige geheime Level werden freigeschaltet, indem du in früheren Missionen eine bestimmte Punktzahl erzielst. Diese Highscore-Schwellenwerte erfordern oft eine außergewöhnlich gute Leistung der Spieler, z. B. indem sie schnelle Zeiten erreichen oder Feinde effizient eliminieren.

3. **Besondere Gegenstände**: Bestimmte geheime Levels können erreicht werden, indem man einen bestimmten Schlüsselgegenstand findet, der irgendwo in der Spielwelt versteckt ist. Diese Schlüssel erscheinen oft in Form von seltenen Sammlerstücken oder als Teil einer versteckten Questreihe.

Bemerkenswerte geheime Levels:

- **Der verlorene Tempel**: Eine uralte Ruine voller Fallen, Rätsel und Schätze. Um es freizuschalten, musst du alle versteckten Relikte in den ersten drei Levels der Kampagne sammeln.

- **Die Glitched Arena**: Eine bizarre, fehlerhafte Version einer der Hauptarenen des Spiels. Schalte dieses Level frei, indem du einen versteckten Boss besiegst oder eine bestimmte

Zeitrennen-Herausforderung abschließt.

Freischaltbare Inhalte:

- **Neue Spielmodi**: Einige geheime Levels schalten zusätzliche Spielmodi oder Herausforderungen frei, wie z.B. einen "Hardcore-Modus", der den Schwierigkeitsgrad des Spiels deutlich erhöht.

- **Exklusive Skins**: Spieler, die geheime Level finden, können oft exklusive Skins und kosmetische Gegenstände für ihre Charaktere freischalten.

8.3 Entwickler Easter Eggs

In *What The Clash?* haben die Entwickler eine Vielzahl von Easter Eggs versteckt, die sich auf die Popkultur, Insider-Witze und sogar ihre eigenen vergangenen Spiele beziehen. Diese Easter Eggs haben keinen Einfluss auf das Gameplay, bieten aber eine lustige und oft humorvolle Überraschung für Spieler, die bereit sind, tief in die Tasche zu greifen.

Bemerkenswerte Easter Eggs:

1. **Cameos von Charakteren**: Halte Ausschau nach Cameos aus anderen Spielen, die vom Studio entwickelt wurden. Diese Charaktere können als NPCs, versteckte Skins oder sogar als Easter Egg-Bosse erscheinen.

2. **Popkultur-Referenzen**: Die Entwickler haben Verweise auf Filme, TV-Shows und andere Spiele in die Dialoge, die Umgebung und die geheimen Orte eingefügt. Zum Beispiel

könntest du in einem der versteckten Räume des Spiels eine obskure Anspielung auf einen berühmten Science-Fiction-Film finden.

3. **Entwicklerraum**: Es gibt einen geheimen Bereich, in dem du einen Raum findest, der den Schöpfern des Spiels gewidmet ist. Hier kannst du mit Gegenständen und Objekten interagieren, die einen Einblick in den Entwicklungsprozess des Spiels geben, sowie mit amüsanten Kommentaren der Entwickler.

4. **Der "404"**-Glitch: Wenn du in einem bestimmten Teil des Spiels eine Reihe von Aktionen außerhalb der Reihenfolge ausführst, wird das Spiel gestört und du wirst in eine bizarre, unvollständige Version der Spielwelt transportiert. Dies ist eine unterhaltsame Referenz für Softwareentwicklung und Debugging.

So finden Sie sie:

- **Erkundung aller Ecken**: Bei einigen Easter Eggs musst du Bereiche außerhalb der Grenzen erkunden oder auf seltsame Weise mit scheinbar normalen Objekten interagieren.

- **Timing ist entscheidend**: Bestimmte Ostereier erscheinen nur zu bestimmten Tageszeiten oder nach bestimmten Ereignissen. Behalte deine Umgebung im Auge und experimentiere mit der Umgebung des Spiels.

8.4 Checkliste für Sammler-Tracker

Um sicherzustellen, dass Sie keines der wertvollen Sammlerstücke des Spiels verpassen, bietet *What The Clash?* Enthält einen umfassenden Tracker, der alle wichtigen Gegenstände und Belohnungen auflistet, die Sie während Ihrer Reise sammeln können. Diese Checkliste hilft Ihnen, den Überblick über Ihren Fortschritt zu behalten, während Sie jedes versteckte Juwel aufspüren.

Arten von Sammlerstücken:

1. **Charakter-Skins**: Seltene und exklusive Skins, die durch bestimmte Herausforderungen, Geheimnisse und Erfolge freigeschaltet werden können.

2. **Power-Ups**: Spezielle Power-Ups, die temporäre Boosts oder einzigartige Fähigkeiten gewähren. Einige sind an schwer zugänglichen Orten versteckt oder erfordern bestimmte Aktionen, um freigeschaltet zu werden.

3. **Lore-Sammlerstücke**: Versteckte Audioprotokolle, Notizen und andere Überlieferungen, die die Geschichte des Spiels vertiefen. Das Sammeln aller Lore-Gegenstände schaltet zusätzliche Hintergrundinhalte frei und hilft, die Lücken in der Geschichte zu füllen.

4. **Erfolgstrophäen**: Besondere Sammeltrophäen, die durch das Abschließen schwieriger Aufgaben oder das Erfüllen einzigartiger Kriterien verdient werden, wie z. B. das Besiegen aller Bosse oder das Abschließen des Spiels ohne den Einsatz von Power-Ups.

Tracker-Funktionen:

- **Fortschrittsbalken**: Die Checkliste enthält Fortschrittsbalken für jede Art von Sammlerstück, damit Sie leicht sehen können, wie viele Gegenstände Sie gefunden haben und wie viele noch zu entdecken sind.

- **Standorthinweise**: Der Tracker bietet subtile Hinweise zum Auffinden schwer zugänglicher Gegenstände und Sammlerstücke, um sicherzustellen, dass Sie nicht stecken bleiben oder etwas Wichtiges verpassen.

- **Abschlussbelohnungen**: Wenn du die vollständige Checkliste abschließt, schaltest du besondere Belohnungen frei, wie z. B. einen **"Komplettist"**-Titel, besondere Skins oder einen versteckten geheimen Bereich voller Schätze.

Kapitel 9: Erfolge und Trophäen

9.1 Komplette Trophäenliste

Die vollständige Liste der Trophäen und Erfolge in *What The Clash?*
Enthält eine Vielzahl von Herausforderungen, die von einfachen
Aufgaben bis hin zu schwierigen Kunststücken reichen, die dein
Können auf die Probe stellen. Nachfolgend finden Sie eine
Aufschlüsselung aller Trophäen und ihrer Anforderungen,
kategorisiert nach Typ und Schwierigkeitsgrad.

Gemeinsame Trophäen:

1. **Erstes Blut** – Besiege deinen ersten Feind.

2. **Der Entdecker** – Entdecken Sie Ihren ersten versteckten
   Gegenstand.

3. **Speed Demon** – Schließe ein Level mit einer Zeit ab, die
   schneller als das festgelegte Limit ist.

4. **Double Kill** – Besiege zwei Feinde mit einem Angriff.

Ungewöhnliche Trophäen:

1. **Meister des Labyrinths** – Schließe ein Level ohne Fehler
   oder Wiederholungen ab.

2. **Racer** – Gewinne ein Rennen im Kampagnenmodus.

3. **Puzzle Master** – Löse jedes Rätsel im Spiel.

4. **Waffenspezialist** – Erreiche die maximale Stufe mit einer Waffe.

Seltene Trophäen:

1. **Unberührbar** – Schließe ein Level ab, ohne Schaden zu nehmen.

2. **Combo-König** – Führe eine 100-Treffer-Kombo in einem einzigen Gefecht aus.

3. **Hardcore Survivor** – Beende ein Level auf der schwersten Schwierigkeitsstufe.

4. **Geheimes Versteck** – Schalte alle versteckten Räume und Bereiche frei.

Legendäre Trophäen:

1. **Komplettist** – Schalte jedes Sammlerstück und jedes Geheimnis im Spiel frei.

2. **Gott-Modus** – Besiege alle Bosse, ohne Heilgegenstände zu verwenden.

3. **Meister aller** – Erreiche alle Errungenschaften und Trophäen des Spiels.

9.2 Erfolgsstrategien

Um alle Erfolge und Trophäen erfolgreich freizuschalten, musst du strategische Ansätze für verschiedene Arten von Herausforderungen anwenden. Hier sind einige Tipps, um einige der anspruchsvolleren Trophäen zu erreichen:

Tipps für gemeinsame Trophäen:

1. **Erstes Blut**: Dies geschieht natürlich, sobald du das Spiel startest und deinen ersten Kampf beginnst. Es ist eine einfache Entsperrung, so dass Sie sich keine Sorgen machen müssen.

2. **Speed Demon**: Wenn du Levels schnell abschließen willst, konzentriere dich darauf, das Layout jedes Levels zu lernen. Verwende geschwindigkeitssteigernde Power-Ups wie das **Jetpack** oder **die Turbostiefel**, um Sekunden deiner Zeit zu sparen, und vermeide unnötige Kämpfe, es sei denn, es ist für die Missionsziele unbedingt erforderlich.

Tipps für ungewöhnliche Trophäen:

1. **Meister des Labyrinths**: Diese Trophäe erfordert Präzision und Geduld. Versuchen Sie, das Layout jedes labyrinthartigen Levels zu lernen und nehmen Sie sich Zeit, um jeden Schritt zu planen, um sicherzustellen, dass keine Fehler gemacht werden.

2. **Rennfahrer**: Um Rennen zu gewinnen, ist sowohl Geschwindigkeit als auch das Vermeiden von Fallen erforderlich. Üben Sie weiter auf den Rennstrecken und

konzentrieren Sie sich darauf, Geschwindigkeitsschübe zu sammeln, um einen Vorsprung zu behalten.

Tipps für seltene Trophäen:

1. **Unantastbar**: Der Schlüssel zu diesem Erfolg besteht darin, das Level mit absoluter Vorsicht durchzuspielen. Gehen Sie keine unnötigen Risiken ein. Setze defensive Fähigkeiten wie **Schilde** oder **Ausweichen** ein, um nicht getroffen zu werden.

2. **Combo-König**: Um eine hohe Kombo zu erreichen, konzentriere dich auf schnelle Angriffe mit mehreren Treffern, die es dir ermöglichen, aufeinanderfolgende Treffer zu erzielen. Halte Ausschau nach Gegnergruppen, die anfällig für Kombo-Angriffe wie Flächeneffektfähigkeiten sind.

Tipps für legendäre Trophäen:

1. **Komplettist**: Um diese prestigeträchtige Trophäe freizuschalten, musst du jeden Winkel der Spielwelt nach versteckten Gegenständen, Sammlerstücken und geheimen Bereichen durchsuchen. Nutze den Sammeltracker, um sicherzustellen, dass du keine Geheimnisse verpasst.

2. **Gott-Modus**: Diese Trophäe ist unglaublich schwer freizuschalten und erfordert, dass du Bosse und Level ohne die Hilfe von Heilgegenständen abschließt. Konzentriere dich darauf, Schaden zu vermeiden, anstatt anzugreifen, und lerne Boss-Angriffsmuster, um das Risiko zu minimieren.

3. **Meister des Alls**: Dies ist die ultimative Trophäe, die eine Kombination aus dem Abschließen aller anderen Herausforderungen erfordert. Setze dir das Ziel, an diesem Erfolg zu arbeiten, nachdem du bereits Fortschritte in anderen Trophäen gemacht hast, und konzentriere dich auf die schwierigeren, die noch freigeschaltet werden müssen.

9.3 Die seltensten und härtesten Trophäen

Einige Trophäen sind außergewöhnlich schwer freizuschalten und erfordern oft Expertenfähigkeiten, Geduld und Entschlossenheit. Diese seltenen Trophäen sind das Zeichen einer echten *What The Clash?* und wird Sie an Ihre Grenzen bringen.

Die härtesten Trophäen:

1. **Gott-Modus**: Alle Bosse zu besiegen, ohne Heilgegenstände zu verwenden, ist eine der herausforderndsten Leistungen in *What The Clash?*. Es erfordert Kenntnisse über die Mechanik des Chefs, das Timing und ein sorgfältiges Ressourcenmanagement. Übe dich in Geduld und nutze alle **Fähigkeiten zur Schadensminderung**, um den erlittenen Schaden zu reduzieren.

2. **Komplettist**: Jedes Sammlerstück und jedes Geheimnis im Spiel zu finden, ist keine leichte Aufgabe. Einige Sammlerstücke sind in schwer zugänglichen Bereichen versteckt oder erfordern bestimmte Aktionen, um sie aufzudecken. Die Verwendung des **Trackers** kann hilfreich sein, aber dies erfordert Zeit und Liebe zum Detail.

3. **Hardcore Survivor**: Das Spiel auf dem härtesten Schwierigkeitsgrad zu gewinnen, ist eine ernsthafte Herausforderung. Dies erfordert die Beherrschung der Spielmechanik, die Verbesserung der Kampfstrategien und die Anpassung an höherstufige Feinde und Hindernisse. Die Feinde sind stärker und die Ressourcen sind knapp, also priorisiere die Verteidigung und den effizienten Einsatz von Heilgegenständen.

Tipps zum Freischalten seltener Trophäen:

- **Nehmen Sie sich Zeit**: Geduld ist der Schlüssel, wenn Sie schwierige Trophäen anstreben. Überstürzen Sie Herausforderungen nicht – lernen Sie aus Ihren Fehlern und machen Sie schrittweise Fortschritte.

- **Experimentiere mit Spielstilen**: Einige Trophäen erfordern bestimmte Spielstile. Zum Beispiel ist die **Combo-King-Trophäe** mit schnelleren oder flächenschädigenden Waffen einfacher. Passe deine Ausrüstung entsprechend an.

- **Setze Ressourcen mit Bedacht ein**: Hebe dir immer mächtige Gegenstände für schwierige Begegnungen auf, besonders wenn du es auf die **Trophäe des Gott-Modus** abgesehen hast . Setzen Sie Ihre Ressourcen strategisch ein.

9.4 Verfolgung von Fortschritten und Belohnungen

Um sicherzustellen, dass du Fortschritte beim Freischalten aller Erfolge und Trophäen machst, hat *What The Clash?* Bietet einen In-Game-Tracker. Mit dieser Funktion kannst du sehen, welche

Trophäen du freigeschaltet hast, welche du kurz vor der
Freischaltung stehst und an welchen du noch arbeiten musst.

Verfolgen Sie Ihren Fortschritt:

- **In-Game-Tracker**: Im Erfolgsmenü des Spiels kannst du
  deinen Fortschritt für jede Trophäe überwachen. Jeder ist
  mit einem Abschlussprozentsatz gekennzeichnet, und du
  kannst sehen, wie weit du von der Freischaltung des
  nächsten Erfolgs entfernt bist.

- **Detaillierte Fortschrittsbalken**: Der Fortschrittsbalken für
  jede Trophäe füllt sich, wenn du bestimmte Aufgaben
  erledigst. Die Trophäe **"Vervollständiger" enthält zum
  Beispiel** eine Checkliste mit allen Sammlerstücken, und du
  kannst sehen, wie viele du gefunden hast und wie viele noch
  zu finden sind.

- **Abschluss-Meilensteine**: Wenn du bestimmte Trophäen-
  Sets abschließt (z. B. Bosse besiegst oder Skins
  freischaltest), schaltest du Meilenstein-Belohnungen frei, zu
  denen exklusive Skins, Währung oder zusätzliche Trophäen
  gehören können.

Trophäen-Belohnungen:

1. **Freischaltbare Skins**: Einige Trophäen, insbesondere die
   seltenen, schalten spezielle Charakter-Skins frei, die das
   Aussehen deiner Avatare oder Waffen verändern.

2. **Währung**: Das Freischalten von großen Erfolgen kann
   große Summen an Spielwährung gewähren, die für
   Upgrades, Ausrüstung oder kosmetische Gegenstände

ausgegeben werden können.

3. **Exklusive Inhalte**: Hochstufige Trophäen wie **der Komplettist** können exklusive Spielinhalte freischalten, darunter geheime Levels, spezielle Spielmodi oder Zugang zu Entwicklerkommentaren.

Kapitel 10: Techniken auf Meisterniveau und zusätzliche Ressourcen

10.1 Physikalische Exploits auf hoher Ebene

In *What The Clash?* Wenn Sie die Physik-Engine des Spiels verstehen, können Sie eine Vielzahl fortschrittlicher Techniken freischalten, die für die Beherrschung des Spiels unerlässlich sind. Bei diesen Techniken wird oft die Spielmechanik manipuliert, um Vorteile zu erlangen, die normale Spieler möglicherweise nicht einmal bemerken.

Wichtige physikalische Exploits:

1. **Momentumkontrolle**: Zu lernen, wie du den Schwung deines Charakters kontrollieren kannst, ist der Schlüssel zu präzisen Bewegungen und Hochgeschwindigkeitsmanövern. Indem du die Physik des Springens, Rutschens und Laufens an der Wand beherrschst, kannst du die Navigation in bestimmten Abschnitten des Spiels erheblich erleichtern und Abschnitte sogar ganz überspringen.

2. **Wall-Riding**: Eine der fortgeschrittensten Techniken ist das Wall-Riding. Indem du in einem Winkel springst und dich zur richtigen Zeit an eine Wand schmiegst, kannst du bodengestützten Gefahren ausweichen, höhere Plattformen erreichen oder Sprünge ausführen, die normalerweise

unmöglich wären. Dies kann in jump'n'Run-lastigen Abschnitten des Spiels entscheidend sein.

3. **Boost-Manipulation**: Das Spiel bietet verschiedene Geschwindigkeitsschübe und Power-Ups, aber du kannst ihre Effekte verbessern, indem du deine Sprünge oder Rutschen in bestimmten Momenten zeitlich abstimmst. Das Boosten in der Luft oder beim Ausführen einer Rutsche kann den Boost-Effekt verdoppeln oder sogar verdreifachen, was dir einen erheblichen Vorteil bei Rennen oder zeitgesteuerten Herausforderungen verschafft.

4. **Schwebemechanik**: Bestimmte Fähigkeiten ermöglichen es dir, für eine begrenzte Zeit in der Luft zu schweben oder zu gleiten. Indem Sie die Höhe und Dauer dieser Gleitflüge manipulieren, können Sie Ihren Abstieg verlangsamen und schwierigere Bereiche effizienter navigieren. Üben Sie, diese schwebenden Fähigkeiten zu nutzen, während Sie den Vorwärtsdrang beibehalten, um ihr Potenzial zu maximieren.

So wenden Sie diese Techniken an:

- **Üben Sie in sicheren Zonen**: Meistern Sie diese physikalischen Heldentaten in Levels, in denen Sie frei experimentieren können, wie z. B. Hub-Welten oder Tutorial-Bereiche, bevor Sie sie in anspruchsvolleren Missionen versuchen.

- **Speed Trials**: Versuchen Sie, diese Techniken bei Speed-Trials oder Rennveranstaltungen anzuwenden, um ihr Potenzial in Szenarien mit hohem Druck vollständig zu verstehen.

10.2 Speedrun-Techniken

Speedrunning ist eine beliebte und herausfordernde Art, *What The Clash?*, wobei der Schwerpunkt darauf liegt, die Levels oder das gesamte Spiel so schnell wie möglich abzuschließen, oft mit bestimmten Einschränkungen oder Kategorien. Das Beherrschen von Speedrun-Techniken verbessert nicht nur dein Gameplay, sondern hilft dir auch, einige der seltensten Trophäen freizuschalten.

Speedrunning Tipps und Strategien:

1. **Routenoptimierung**: Einer der wichtigsten Aspekte beim Speedrunning ist die Routenoptimierung. Dabei geht es darum, den schnellsten Weg durch jedes Level zu finden, indem unnötige Umwege vermieden und Abkürzungen verwendet werden, die nicht sofort offensichtlich sind. Es ist wichtig, das Layout jedes Levels zu verstehen und verschiedene Ansätze zu üben.

2. **Perfektionierung der Bewegung**: Speedrunning erfordert oft makellose Bewegungen. Nutze Techniken wie **Boost-Sprünge**, **Dash-Cancels** und **schnelles Gleiten,** um schnell und effizient Boden zurückzulegen. Die konsequente Anwendung dieser fortschrittlichen Manöver spart bei jedem Lauf wertvolle Sekunden.

3. **Zeitsparende Exploits**: Zusätzlich zu den Bewegungstechniken nutzen Speedrunner Störungen oder unbeabsichtigte Mechaniken, um Zeit zu sparen. Dazu kann gehören, durch Wände zu clippen, Zwischensequenzen zu überspringen oder physikalische Exploits zu nutzen, um

bestimmte Abschnitte des Levels vollständig zu umgehen.

4. **Frame-Perfect Inputs**: Beim Speedrunning kann schon eine Millisekunde Verzögerung den Weltrekord kosten. Üben Sie **die Ausführung von frame-perfekten** Eingaben, bei denen Sie Aktionen genau in dem Moment ausführen, den das Spiel zulässt, um maximale Effizienz bei Ihren Bewegungen und Angriffen zu gewährleisten.

So startest du Speedrunning:

- **Aufzeichnen und vergleichen**: Beginnen Sie damit, Ihre Läufe aufzuzeichnen und sie mit den besten Speedrunnern in der Community zu vergleichen. Dies wird Ihnen helfen, verbesserungswürdige Bereiche zu erkennen.

- **Konzentrieren Sie sich auf eine Ebene**: Beginnen Sie damit, sich auf die Beherrschung einzelner Ebenen zu konzentrieren. Sobald du dich mit ihnen vertraut gemacht hast, kannst du komplette Spieldurchläufe absolvieren, bei denen jede Sekunde zählt.

10.3 Kompetitive Multiplayer-Taktiken

Was ist der Zusammenstoß? bietet verschiedene Multiplayer-Modi, in denen du dich in kompetitiven Umgebungen mit anderen Spielern messen kannst. Um erfolgreich zu sein, ist es wichtig, fortgeschrittene Multiplayer-Taktiken zu verstehen, sich an verschiedene Teamstrategien anzupassen und zu lernen, deine Gegner zu überlisten.

Wichtige Wettkampftaktiken:

1. **Teamzusammenstellung und Synergie:** Egal, ob du in einem Team oder alleine spielst, das Verständnis der Charakterrollen und der Teamzusammensetzung ist von entscheidender Bedeutung. Zum Beispiel kann ein ausgewogenes Team mit einer Mischung aus Flitzern, Unterstützungscharakteren und Schadensverursachern alle wesentlichen Aspekte des Gameplays abdecken. Lerne, deinen Spielstil an die Bedürfnisse des Teams anzupassen.

2. **Zielen und** Fokussieren: In kompetitiven Spielen ist es entscheidend, die richtigen Feinde zur richtigen Zeit ins Visier zu nehmen. Nutze Ablenkungen, Umweltgefahren und Teamkoordination, um hochwertige Ziele wie feindliche Heiler oder Schadensverursacher auszuschalten. Behalte die Schwächen der Feinde im Auge und nutze sie aus.

3. **Kartenkontrolle und Ziele:** In zielbasierten Multiplayer-Modi ist die Kontrolle über wichtige Punkte auf der Karte entscheidend. Konzentrieren Sie sich auf die Positionierung, das Kartenwissen und die Kontrolle von Power-Ups, um sicherzustellen, dass Ihr Team einen strategischen Vorteil behält. Erfahren Sie, wo sich Ziele befinden und wie Sie sie halten können.

4. **Psychologische Kriegsführung und Gedankenspiele:** In Multiplayer-Matches mit hohen Einsätzen spielen mentale Spiele eine wichtige Rolle. Fintenzüge, Ködertaktiken und unerwartete Spielzüge können deine Gegner aus der Bahn werfen und deinem Team die Oberhand verschaffen. Wenn du diese Denkspiele meisterst, kannst du in kompetitiven Szenarien dominieren.

Wie man im kompetitiven Multiplayer brilliert:

- **Spielen Sie regelmäßig mit einer Gruppe**: Wenn möglich, spielen Sie mit Freunden oder einer regulären Gruppe von Spielern. Beständige Teamkollegen ermöglichen eine bessere Kommunikation und Koordination.

- **Analysiere andere Spieler**: Sieh dir Wiederholungen von Top-Spielern an und lerne von ihren Strategien. Achten Sie auf ihre Positionierung, ihr Timing und ihre Entscheidungsfindung.

- **Anpassungsfähigkeit**: Das kompetitive Spiel ist dynamisch. Die Fähigkeit, sich an veränderte Situationen anzupassen – sei es eine neue Feindstrategie oder eine unerwartete Teamzusammenstellung – hebt dich von der Konkurrenz ab.

10.4 Foren, Wikis und Update-Nachrichtenquellen

Mit der Community des Spiels in Verbindung zu bleiben und mit Updates Schritt zu halten, ist entscheidend für diejenigen, die sich kontinuierlich verbessern und über die neuesten Entwicklungen in *What The Clash?*.

Ressourcen der Community:

1. **Offizielle Foren**: Die offizielle *What The Clash?* In Foren findet ihr Diskussionen, Patchnotes und offizielle Ankündigungen. Diese Foren haben oft spezielle Abschnitte für bestimmte Spielstile, Herausforderungen und Modding.

2. **Wikis**: Ein von Fans betriebenes Wiki ist eine Fundgrube an Informationen und bietet detaillierte Erklärungen zu Spielmechaniken, Gegenstandsstandorten und Strategiehandbüchern. Wikis sind eine hervorragende Ressource, um versteckte Gegenstände, Charakterwerte und Taktiken zu finden, die dein Gameplay verbessern.

3. **Reddit**: Subreddits zu *What The Clash?* Bieten Sie Fans einen Raum, in dem sie Tipps, Tricks, Fan-Art und Neuigkeiten austauschen können. Sie enthalten auch Diskussionen über Strategien, Speedruns und bevorstehende Updates.

4. **Discord**: Beitritt zum *What The Clash?* Der Discord-Server verbindet Sie in Echtzeit mit anderen Spielern. Du kannst an Diskussionen teilnehmen, an Live-Events teilnehmen oder Hilfe bei schwierigen Abschnitten des Spiels erhalten. Der Server verfügt oft über Kanäle für bestimmte Interessen wie Speedrunning, Modding oder Erfolgsjagd.

Auf dem Laufenden bleiben:

- **Entwickler-Blogs**: Folgt dem Entwickler-Blog oder der offiziellen Website, um Neuigkeiten über bevorstehende Patches, neue Inhalte und geplante Updates zu erhalten. Entwickler geben oft Einblicke in die Zukunft des Spiels und geben einen kleinen Einblick in kommende Features.

- **YouTube-Kanäle**: Viele Spieler und Content Creator laden regelmäßig Videos über *What The Clash?*. Bei diesen Videos kann es sich um Tutorials, Gameplay-Tipps oder Analysen von Patchnotes handeln.

- **Patch-Notizen**: Wenn ein neues Update erscheint, solltet ihr euch die Patch-Notizen durchlesen, um mehr über Änderungen am Gameplay, Fehlerbehebungen und neue Inhalte zu erfahren, die dem Spiel hinzugefügt wurden.